Uni-Taschenbücher 559

UTB

Eine Arbeitsgemeinschaft der Verlage

Birkhäuser Verlag Basel und Stuttgart
Wilhelm Fink Verlag München
Gustav Fischer Verlag Stuttgart
Francke Verlag München
Paul Haupt Verlag Bern und Stuttgart
Dr. Alfred Hüthig Verlag Heidelberg
Leske Verlag + Budrich GmbH Opladen
J. C. B. Mohr (Paul Siebeck) Tübingen
C. F. Müller Juristischer Verlag – R. v. Decker's Verlag Heidelberg
Quelle & Meyer Heidelberg
Ernst Reinhardt Verlag München und Basel
F. K. Schattauer Verlag Stuttgart-New York
Ferdinand Schöningh Verlag Paderborn
Dr. Dietrich Steinkopff Verlag Darmstadt
Eugen Ulmer Verlag Stuttgart
Vandenhoeck & Ruprecht in Göttingen und Zürich
Verlag Dokumentation München

Gliederung des Gesamtwerkes:

Band 1

1. Inhaltliche und literarische Abgrenzung des Sachgebietes
2. Erhebungsplanung
3. Das System beschreibender Indikatoren für die Strukturstatistik
4. Das System beschreibender Indikatoren für die Prozeßstatistik

Band 2

5. Das Indikatorsystem für die Analyse sozio-ökonomischer Reihen
6. Das Indikatorsystem der Volkswirtschaftlichen Gesamtrechnung
7. Genauigkeit wirtschaftsstatistischer Indikatoren

Literaturverzeichnis
Namenverzeichnis
Sachverzeichnis

Ingeborg Esenwein-Rothe

Die Methoden
der Wirtschaftsstatistik

Band 1

Mit 27 Diagrammen, 21 Tabellen
und 23 Übersichten

Vandenhoeck & Ruprecht in Göttingen

Die Verfasserin wurde 1937 an der Universität Leipzig zum Dr. rer. pol. promoviert und konnte sich – zufolge der politischen Verhältnisse – erst 1954 an der Universität Münster habilitieren. 1954 Umhabilitierung an die Hochschule für Sozialwissenschaften Wilhelmshaven, 1961 apl. Professorin für Sozialökonomie u. Statistik in Wilhelmshaven, 1962 in Göttingen; seit 1963 Inhaberin eines Lehrstuhls für Statistik an der Universität Erlangen-Nürnberg. Besondere Arbeitsgebiete: Angewandte Statistik, Sozial- und Regionalpolitik sowie Demographie.

Berufung zum Mitglied zahlreicher renommierter wissenschaftlicher Gremien, u.a. von der Akademie für Raumforschung und Landesplanung, der International Union for the Scientific Study of Population und vom Internationalen Statistischen Institut. – Zahlreiche Veröffentlichungen, darunter „Kategorienlehre der Wirtschaftsstatistik" (2. A. 1962) sowie eine, gemeinsam mit B. Hess erarbeitete „Einführung in das statistische Instrumentarium der Kommunalplanung" (1972); Mitherausgeberin des „Kompendium der Volkswirtschaftslehre" sowie der Zeitschrift „Statistische Hefte"; Herausgeberin der Reihe „Statistische Studien".

CIP-Kurztitelaufnahme der Deutschen Bibliothek

Esenwein-Rothe, Ingeborg
Die Methoden der Wirtschaftsstatistik. –
Göttingen : Vandenhoeck und Ruprecht.
Bd. 1. – 1976.
 (Uni-Taschenbücher ; 559)
 ISBN 3-525-03124-6

© 1976 Vandenhoeck & Ruprecht in Göttingen
Printed in Germany
Einbandgestaltung: A. Krugmann, Stuttgart
Satz und Druck: Hubert & Co., Göttingen
Bindearbeit: Großbuchbinderei Sigloch, Stuttgart

Manibus Hermanni Esenwein
mariti nunquam oblita

Vorwort

Der Büchermarkt ist überflutet mit Einführungswerken zur Statistik, wie sie als „Grundausbildung" in den Wirtschafts- und Sozialwissenschaften gelehrt wird. Die hier vorgelegte Einleitung in die Methoden der Wirtschaftsstatistik erscheint dennoch nicht überflüssig: sie soll einen Schlüssel zum Verständnis desjenigen statistischen Instrumentariums bieten, das der Beobachtung und Erforschung sozioökonomischer Tatbestände und Prozesse dient, und damit der Vorbereitung wirtschaftspolitischer und marktstrategischer Entscheidungen.

Dieser Absicht entspricht es, wenn Inhalt und Darstellungsweise des Lehrbuchs auf weit ausholende Darlegungen zur statistischen Schätz- und Testtheorie verzichten, ja, deren Kenntnis voraussetzen, während einige Verfahrensweisen der Beschreibenden Statistik dargestellt werden, um ihre Tauglichkeit zur Urteilsfindung über empirisches Datenmaterial aufzuzeigen.

Aus technischen Gründen muß der Lehrstoff auf zwei Bände aufgeteilt werden; beide sollen den Studierenden der Volks- und Betriebswirtschaftslehre zur Vorbereitung auf die sog. Zwischenprüfung (Diplom-Vorprüfung) behilflich sein. Überdies aber soll mit dieser Publikation, zumal mit dem zweiten Band, für das weiterführende Studium und für die praktische Berufsausübung von Volks- und Betriebswirten eine Orientierung über die Möglichkeiten und Grenzen statistischer Wirtschaftsbeobachtung gegeben werden.

Diese Betonung der fachwissenschaftlichen Fragestellung führt zu einem, soweit ich sehe, neuartigen Konzept der Einführung in das statistische Erkenntnissystem, nämlich zur Betonung des Primats der sachbezogenen Logik vor der mathematisch-formalen Denkweise. Deshalb werden die methodologischen Fragen nicht allein anhand von Tabellen, Formeln und Diagrammen erörtert, sondern in ein fachwissenschaftlich engagiertes Beziehungssystem eingefügt. Dieses wird mittels (unnumerierter) synoptisch gegliederter Schemata, die den Kapiteln und Teilabschnitten vorangestellt sind, so einprägsam wie möglich beschrieben. –

Auf Anmerkungen im Text wird weitgehend verzichtet. Die erforderlichen Hinweise auf die Quellen des „gesicherten Wissens" erfolgen in der Weise, daß die wissenschaftsgeschichtlich bedeutsamen Schriften im alphabetisch geordneten Literaturverzeichnis über Autorennamen und Erscheinungsjahr angesprochen werden.

Mit diesem Lehrbuch ziehe ich die Summe langjähriger Lehr- und Forschungstätigkeit auf dem Gebiet der Angewandten Statistik. Es entstand als Produkt aller Einsichten, die in der Diskussion mit Kollegen, Assistenten und Studenten gewonnen wurden, wenn es darum ging, die Tragfähigkeit der einen oder anderen Verfahrensweise in der empirischen Arbeit zu beurteilen. Diese Schrift beruht somit weitgehend auf Anregungen und Einfällen vieler früherer und jetziger Mitarbeiter des Instituts für Statistik und zahlreicher Kollegen und Freunde.

Wenngleich ich für jede Zeile und jede Zahl, für alle Tabellen und Formeln selbst verantwortlich zeichne, möchte ich das Verdienst am Zustandekommen dieses Lehrbuchs nicht für mich alleine beanspruchen. Dank schulde ich meinen Kollegen, den Herren Prof. Dr. Eberhard Schaich (Regensburg) und Prof. Dr. Heinrich Strecker (Tübingen), die mich mit kritischer Durchsicht einzelner Kapitel, wesentlichen Korrekturvorschlägen und aktiver Mitwirkung bei der Neufassung oder Ergänzung einzelner Abschnitte nachhaltig unterstützt haben. Andererseits haben auch Studenten und Diplomanden mit kritischen Fragen und Hinweisen zur Korrektur oder Verdeutlichung einzelner Textstellen beitragen. Vielfältige Anregungen, insbesondere didaktischer Art, verdanke ich schließlich meinen Assistenten, den Herren Dr. Bernhard Hess und Dr. Norbert Rehm. Den Mitarbeiterinnen des Lehrstuhls Statistik, Frau Anita Eggers und Frau Ingrid Hemmeter, sei für unverdrossene Mithilfe bei der Erstellung des Manuskripts und des Literaturverzeichnisses wie beim Korrekturlesen vielmals gedankt. –

Eine besondere Danksagung gebührt dem Verlag Vandenhoeck & Ruprecht für das verständnisvolle Eingehen auf mancherlei Sonderwünsche. – Möchte der Informationsgehalt des Buchinhalts stark genug sein, über die verbleibenden Unzulänglichkeiten und etwaige Marktwiderstände hinwegzutragen!

Januar 1976   Ingeborg Esenwein-Rothe

Inhaltsübersicht für Band 1

1. Inhaltliche und literarische Abgrenzung des Sachgebietes .. 15
2. Erhebungsplanung 19
   21. Zum Begriff „Erhebung" 19
   22. Erhebungsvorbereitung 21
      221. Organisatorische Voraussetzungen der Erhebungsplanung 22
      222. Logische Anpassung des Erhebungsprogramms an das Untersuchungskonzept 25
      223. Operationale Anpassung des Erhebungsprogramms an das Untersuchungskonzept 28
      224. Adäquation und Coverage 31
   23. Adäquation des Tabellenprogramms an den Erhebungsplan .. 32
      231. Umfang und Zuschnitt der Erhebung 32
         231.1. Grundsätze für die Festlegung des Erhebungsumfangs 32
         231.2. Totalerhebungen 34
         231.3. Repräsentative Teilerhebungen mit gezielter Auswahl der Elemente 37
         231.4. Repräsentative Teilerhebungen auf Stichprobenbasis 47
      232. Erhebungs- und Darstellungsformen 54
         232.1. Erhebungstechnik (Formulierung des Fragenprogramms) 55
         232.2. Planung der tabellarischen Beschreibung 56
         232.3. Planung der diagrammatischen Beschreibung ... 58
   24. Konkretisierung des Tabellenprogramms mittels Klassifikation 67
      241. Metrische Klassifikation 68
         241.1. Klassifikationstechnik (Klassengrenzen – Klassenbreite) 68
         241.2. Konstruktionsprinzipien für Größenklassenschemata 70
      242. Kategoriale Klassifikation 73
         242.1. Systematisierung als Klassifikationsprinzip 73
         242.2. Systematisierungstechnik 73
         242.3. Logische Ordnungskriterien für die Aufstellung von Systematiken 75
         242.4. Operationalisierung einer systematischen Klassifikation 76

3. Das System beschreibender Indikatoren für die Strukturstatistik 80

 31. Indikatoren zur Beschreibung sozioökonomischer Bestandsmassen 80
  311. Sozioökonomische Strukturmaßzahlen 80
   311.1. Gliederungszahlen 81
   311.2. Beziehungszahlen (Dichte- und Entsprechungszahlen) 81
  312. Sozioökonomische Verteilungsmaßzahlen 85
   312.1. Maßzahlen der Zentralität 86
   312.2. Streuungsmaße 96
   312.3. Schiefemaße 98
   312.4. Konzentrationsmaße 99

 32. Typisierende Beschreibung von sozioökonomischen Bestandsmassen 106
  321. Direkte Typisierung 108
   321.1. Typisierung anhand kategorialer Merkmale ... 108
   321.2. Typisierung anhand ordinalskalierter Merkmale . 109
   321.3. Typisierung mittels metrischer Merkmale 110
  322. Typisierung mittels Standardisierung 113
   322.1. Typisierung über Verrechnungseinheiten 113
   322.2. Typisierung über konstruierte Modelle 116

4. Das System beschreibender Indikatoren für die Prozeßstatistik 128

 41. Inhalt einer Prozeßstatistik 128
  411. Abgrenzung zur Strukturstatistik 128
   411.1. Inhaltliche Abgrenzung der Prozeßstatistik ... 128
   411.2. Erhebungstechnische Besonderheiten der Prozeßstatistik 129
  412. Prozeßstatistik als Information über Bestands- und Zustandsveränderungen 131

 42. Indikatoren für den Niveau-Vergleich 133
  421. Meßzahlen 134
   421.1 Wahl der Basis 134
   421.2. Synthetische Meßzahlen 139
  422. Indices als gewichtete Mittelwerte aus Meßzahlen 142
   422.1. Summenvergleich 143
   422.2. Budgetvergleich 143
   422.3. Pragmatische Anpassung des Instrumentariums an das Informationsbedürfnis 150

43. Indikatoren für den Zustandsvergleich 158
   431. Zeitraumanalyse mittels chronologischer Mittelwerte . . . 158
      431.1. Darstellungsgesamtheiten einer periodenbezogenen Analyse 158
      431.2. Ableitung der chronologischen Mittelwerte 164
   432. Beschreibung und Analyse von Zustandsveränderungen . 175
      432.1. Typisierung von Teilgesamtheiten eines Periodenbestandes 176
      432.2. Vertafelung von Ereignishäufigkeiten zur Gewinnung standardisierter Zeitmittelwerte 179

Verzeichnis der Diagramme

Diagr. 1:	Coverage-Problem bei wirtschaftsstatistischen Erhebungen	31
Diagr. 2:	Cut-off-Verfahren – Veränderung des Berichtskreises	42
Diagr. 3:	Cut-off-Verfahren – Berichtssprung	44
Diagr. 4:	Einwohner der Stadt „U" nach dem Familienstand (Beispiel für ein Stabdiagramm)	60
Diagr. 5:	Einwohner der Stadt „U" nach dem Familienstand und Geschlecht (Beispiel für ein gegliedertes Stabdiagramm)	61
Diagr. 6:	Kraftfahrzeuge der Firma „V" nach ihrem Betriebsalter (Beispiel für ein Histogramm)	62
Diagr. 7:	Nürnberger Bevölkerung nach Geburtsjahren und Erwerbsbeteiligung bei der Volkszählung 1970 (Beispiel für ein aufgeklapptes Histogramm)	63
Diagr. 8:	Gesamter Erfassungsbereich des Zensus im produzierenden Gewerbe (Beispiel für ein Flächendiagramm)	65
Diagr. 9:	Mütter im April 1974 nach Familienstand, Alter der Kinder und Erwerbstätigkeit (Kreisdiagramm)	66
Diagr. 10:	Variation der Klassenbreite nach dem empirischen Befund – Betriebe der Steinkohlengewinnung nach der Beschäftigtenzahl – dargestellt nach zwei unterschiedlichen Klassenschemata	72
Diagr. 11:	Vermögensverteilung lt. Steuerstatistik 1967	91
Diagr. 12:	Graphische Ermittlung des Zentralwerts für die Vermögensverteilung 1967	92
Diagr. 12a:	Verlagerung des Bevölkerungsschwerpunkts in den USA von 1790 bis 1970	94
Diagr. 13:	Die Aktionäre nach ihren Besitzanteilen (Säulendiagramm)	101
Diagr. 14:	Lorenzkurve für das Modellbeispiel	104
Diagr. 15:	Standardisierungsmodelle für die Grundformen des Altersaufbaus einer Bevölkerung	119
Diagr. 16:	Vergleich des standardisierten Modells von Warenkörben für typische Haushalte	121
Diagr. 17:	Relativierung von Ursprungszahlen bei unterschiedlicher Wahl der Bezugsgröße	136
Diagr. 18:	Vergleich der Preisentwicklung bei unterschiedlichen Basiswerten	137
Diagr. 19:	Entwicklung der Beschäftigtenzahl des Wirtschaftszweiges „W" (Kurven synthetischer Meßzahlen)	141

Diagr. 20:	Durchschnittliche Aufenthaltsdauer und mittlere Kapazitätsauslastung des Bettenbestandes eines Privatsanatoriums (Becker-Diagramm)	161
Diagr. 21:	Äquidistante Bestandsfeststellungen	165
Diagr. 22:	Bestandsfunktion und mittlerer Bestand für ein Demonstrationsbeispiel	167
Diagr. 23:	Beispiel für richtige und falsche Festlegung äquidistanter Meßzeitpunkte	173
Diagr. 24:	Verbleibendenkurve für die Erstimmatrikulierten des Sommersemesters 1970 an der Universität „E"	174
Diagr. 25:	Ausschnitt aus dem Becker-Diagramm (Verknüpfung von Ereignis- und Kalenderzeit mit dem Alter der Elemente)	177
Diagr. 26:	Die altersspezifische Lebenserwartung nach der „Überlebensordnung" der Bevölkerung nach den Sterbetafeln 1910, 1932/34, 1970/72	188
Diagr. 27:	Rohe und ausgeglichene Sterbewahrscheinlichkeiten . .	189

Verzeichnis der Übersichten und Tabellen

Übersicht 1: Träger der wirtschafts- und sozialstatistischen Erhebungen (dargestellt für die BRD) 23
Übersicht 2: Quotaverfahren – Beispiel für eine Quotierung 40
Übersicht 3: Auswahltechniken für Zufallsstichproben 49
Übersicht 4: Schematische Darstellung des Zusammenhangs zwischen Ergebnisgenauigkeit, Sicherheitsgrad und Stichprobenumfang bei konstanter Varianz in der Grundgesamtheit ($\sigma^2 = 100$). 50
Übersicht 5: Planungsprinzipien systematischer Stichproben zum Zwecke einer gesteuerten Zufallsauslese 51
Übersicht 6: Beispiel für die Genauigkeitsverbesserung im Falle einer Schichtung (Schichtungseffekt) 52
Übersicht 7: Beispiel für Antwortvorgaben bei geschlossenen Fragen .. 55
Tabelle 1: Charakterisierung mehrdimensionaler Tabellen 57
Tabelle 2: Einwohner der Stadt „U" nach Geschlecht und Familienstand 59
Tabelle 3: Kraftfahrzeuge der Firma „V" nach dem Betriebsalter 62
Übersicht 8: Konstruktion eines Größenklassenschemas, in dem kleinste „Bausteine" in Klassen unterschiedlicher Spannweite umgeformt sind 71
Übersicht 9: Schema zur Systematisierungstechnik 74
Übersicht 10: Positionen einer Warensystematik (Industriestatistik) ... 75
Übersicht 11: Systematische Klassifikation bei Merkmalshäufung 78
Tabelle 4: Ergebnisse der Vermögenssteuerstatistik 1967 über die Verteilung der steuerpflichtigen natürlichen Personen auf Größenklassen des Vermögens 90
Tabelle 5: Die Aktionäre der Aktiengesellschaft A nach ihren Besitzanteilen 101
Tabelle 6: Arbeitstabelle zur Berechnung der Lorenzkurve 104
Übersicht 12: Kategoriale Typisierung von Wohngebäuden nach Bauzustand und Versorgungseinrichtungen 109
Übersicht 13: Siedlungseinheiten nach der Einwohnerzahl 111
Übersicht 14: Gemeindetypisierung nach Siedlungsgrößenklassen und Anteil der Agrarbevölkerung 112
Übersicht 15: Amtlicher Getreideeinheitenschlüssel 115
Übersicht 16: Umrechnungsschlüssel zur Ermittlung der Großvieheinheiten 116
Tabelle 7: Ermittlung eines Standarddeckungsbeitrages (Winterweizen je ha) 123
Tabelle 8: Abgrenzungsrelationen für die Zuordnung zu Betriebsarten 124

Tabelle 9: Auszug aus dem amtlichen Typisierungsschema für Betriebssysteme in der Agrarwirtschaft 125
Übersicht 17: Betriebssysteme in der Agrarwirtschaft 126
Tabelle 10: Relativierung von Ursprungszahlen bei unterschiedlicher Wahl der Bezugsgröße 135
Tabelle 11: Vergleich der Preisentwicklung bei unterschiedlichen Basiswerten 137
Tabelle 12: Preisvergleich über umbasierte Meßzahlen 138
Tabelle 13: Meßzahlen mit wechselnder Basis und Wachstumsraten . . 139
Tabelle 14: Entwicklung der Beschäftigtenzahl des Wirtschaftszweiges „W" (in Tausend) 140
Übersicht 18: Ausgewählte Formeln für Preis- und Mengenindices . . . 145
Übersicht 19: Aussage und Ergebnis der verschiedenen Indexformeln . 146
Übersicht 20: Formale Kriterien zur Beurteilung der Indexformeln . . . 147
Tabelle 15: Zahlenbeispiel für die Auswirkung der formalen Ansätze auf die Ergebnisse der Indexrechnung 148
Tabelle 16: Verknüpfung der Preismeßzahl für ein technisches Gerät . . 151
Tabelle 17: Verknüpfung im Falle einer Preisänderung, die auf Qualitätsänderung beruht („splicing") 152
Übersicht 21: Austausch von Preisrepräsentanten durch Verknüpfen in der amtlichen Statistik der BRD 153
Tabelle 18: Zahlenbeispiel zur Berechnung chronologischer Mittelwerte 159
Tabelle 19: Arbeitstabelle zur Berechung des Zeitmengenbestandes . . . 167
Tabelle 20: Verbleibendentafel für den Studienverlauf des Erstimmatrikulierten-Jahrgangs Sommersemester 1970 an der Universität „E" 174
Übersicht 22: Typisierung von Lebenden-Gesamtheiten 178
Tabelle 21: Ausschnitt aus einer Sterbetafel 1970/72 für den Staat B, männliches Geschlecht 182
Übersicht 23: Erläuterung der Symbole einer Sterbetafel 183

1. Inhaltliche und literarische Abgrenzung des Sachgebietes

Beim Studium der Wirtschafts- und Sozialwissenschaften gilt die Ausbildung in den „Grundzügen der Statistik" als obligatorisches Pflichtfach. Tatsächlich gehören Kenntnis und Verständnis der statistischen Techniken, Methoden und Schlußweisen für jeden Volks- und Betriebswirt zu den unabdingbaren Voraussetzungen einer Berufsausübung. Das gilt allemal, wenn ein Teil der beruflichen Funktionen auf die Gewinnung von statistischen Informationen gerichtet ist oder auf die Kontrolle betriebsstatistischer oder verbandsseitiger Orientierungsgrößen. Es gilt aber ausnahmslos auch für jede andere volks- und betriebswirtschaftliche Tätigkeit, da diese ohne sachkundige Interpretation von Tabellen, Diagrammen oder statistisch fundierten Prognosen nicht denkbar ist.

Der Gebrauch statistischer Informationen macht es überhaupt erst möglich, die allgemein formulierten Sätze der ökonomischen Theorie mit Inhalt zu füllen. Andererseits gehört es zu den schwierigsten Aufgaben des Statistikers, für die gängigen Grundvorstellungen der ökonomischen Theorie Zahlenangaben herzuleiten. Es macht nicht nur Schwierigkeiten, eine Größe wie „das Volkseinkommen" oder „das Preisniveau" numerisch zu bestimmen; vielmehr bedarf es auch nicht geringer Überlegungen, wenn ein scheinbar so einfacher Tatbestand wie „die Beschäftigtenzahl" im zwischenzeitlichen Vergleich gemessen werden soll.

Außerdem werden allenthalben im Vorfeld wirtschaftlicher Entscheidungsprozesse statistische Forschungsmethoden angewandt, sei es zu dem Zweck, betriebswirtschaftliche Strategien zu entwickeln, wie z.B. in der Marktforschung oder Qualitätskontrolle, oder sei es auch in der Absicht, rein theoretische, ökonomische Hypothesen anhand empirischer Befunde zu testen, wie in der Ökonometrie.

Die allgemeine Grundausbildung erstreckt sich folgerichtig formal auf zwei Teilbereiche der Statistik.

Diese beiden Teilbereiche liegen nicht überschneidungsfrei nebeneinander, denn es gibt wirtschaftswissenschaftliche Probleme, die nur unter Rückgriff auf die Denkweisen und das Instrumentarium der analytischen Statistik zu lösen sind. Die informationsstatistischen Fragen selbst sind zwar vorwiegend von der Fachwissenschaft her zu beantworten, jedoch müssen häufig die wahrscheinlichkeitstheoretisch fundierten Schlußweisen der induktiven Statistik zu Hilfe genommen werden. Am Rande sei erwähnt, daß die Beherrschung dieser Verfahrensweisen vom Volks- und Betriebswirt ohnehin erwartet werden muß, weil anderenfalls weder die Interpretation der veröffentlichten Statistiken noch die Beurteilung von Untersuchungen zum Marketing oder zur Qualitätskontrolle möglich wäre.

Wesentliche Inhalte	Analytische Statistik	Informative Statistik
Kernfrage	Stimmt der Befund mit dem Erwartungswert / mit einer Hypothese überein?	Gibt es gesicherte Maßzahlen zur Charakterisierung des Befundes?
1. Stufe	Wahrscheinlichkeitsrechnung und Verteilungstheorie	Techniken der Datengewinnung und -beschreibung
2. Stufe	Induktive Schlußweisen: Analytische Verfahren zur Prüfung von Hypothesen über Verteilungen / Abhängigkeiten / Zusammenhänge	Indikative Methoden: Interpretationsverfahren zur Erarbeitung von Indikatoren über ökonomische Strukturen und Prozesse

Die erkenntniskritische Abgrenzung zwischen analytischer und informativer Statistik ergibt sich nicht allein aus der unterschiedlichen Aufgabenstellung, sondern auch aus dem jeweiligen logischen Fundament. In der analytischen Statistik wird vorausgesetzt, daß der jeweilige empirische Befund eine zufällige Realisation aller möglichen Datenkombinationen darstellt. Diese durchgängige Bezugnahme auf den Zufallsprozeß gestattet es, die verschiedenen Verfahrensweisen der induktiven Statistik unter der von L. v. Bortkiewicz (1917) vorgeschlagenen Bezeichnung „Stochastik" zusammenzufassen. Sämtliche stochastische Schlußweisen richten sich darauf, die aus Daten gewonnenen Maßzahlen an abstrakt abgeleiteten Parametern von theoretischen, mathematisch abgeleiteten Prüfverteilungen zu messen. Die informative Statistik ist dagegen im wesentlichen darauf gerichtet, Aussagen über sozioökonomische Sachverhalte zu ermitteln. Sie beruht vornehmlich auf der von G. v. Rümelin (1898) so benannten „Logik der kollektiven Gruppen". Diese ermöglicht es nicht nur dem Wirtschaftsforscher – sondern auch dem Entscheidungsträger in einzelnen Unternehmen und in der staatlichen Wirtschaftspolitik – das vorliegende Datenmaterial nach aussagekräftigen und zuverlässigen Orientierungsgrößen abzufragen. Dazu ist einerseits Sachkunde erforderlich (nämlich zur Gewinnung von kategorial entsprechenden Tabellenwerten), zum anderen die Beherrschung des statistischen Instrumentariums (nämlich zur Absicherung der Validität und Stabilität der festgestellten Indikatoren).

In grobem Raster läßt sich die inhaltliche Abgrenzung zwischen den Teilbereichen der wirtschafts- und sozialwissenschaftlich fundierten statistischen Theorie in Anlehnung an L. v. Bortkiewicz (1917) und G. v. Rümelin (1898) wie folgt treffen:

Argumentation	Zweige der statistischen Theorie	
	Stochastik (Methode der analytischen Statistik)	Sylleptik (Methode der informativen Statistik)
1. Stufe: Beschreibung	Datengewinnung überwiegend durch Zählen, Registrieren, Wiegen und Messen Aufbereitungstechniken, entsprechend der Versuchsanordnung	Datengewinnung ausschließlich durch schriftliche und mündliche Befragung oder Übernahme aus Aufzeichnungen Dritter Aufbereitungs- und Kontrollverfahren entsprechend dem Tabellenprogramm
2. Stufe: Analyse	Messender bzw. schätzender Vergleich empirischer Maßzahlen und theoretischer Parameter in Form von Tests, Streuungs-, Regressions- und Faktorenanalyse usw.	Abbildung und Interpretation des sachlichen Befundes über Bestände und Stromgrößen in Form von Indikatoren für Strukturen, Prozesse, Bewegungskomponenten sowie von agglomerierten Größen

Die Ausrichtung der Darstellung des sachlichen Befundes auf „Indikatoren" bedeutet, daß in der informativen Statistik methodisch nach aussagekräftigen Orientierungsgrößen über Strukturen und Entwicklungstendenzen in dem beobachteten Datenmaterial gesucht wird; anders formuliert: als Mittler zwischen Daten und Information. So wie die Verfärbung eines Reagenzpapiers in der chemischen Analyse als „Indikator" für einen exakt definierten Befund gilt, sollen statistische Kenngrößen den empirischen Tatbestand, wie er sich im Zahlenmaterial spiegelt, auf jeweils ein objektiviertes Signalzeichen reduzieren.

Von der inhaltlichen Besonderheit dieses Lehrbuchs her, das sich auf die Methoden der informativen Statistik beschränkt, bestimmt sich die Auswahl des fundamentalen und ergänzenden Schrifttums. Dabei sei aber nochmals betont, daß sich das Instrumentarium der Wirtschaftsstatistik ohne eine gediegene Kenntnis der mathematisch formalen Zusammenhänge der induktiven Statistik weder verstehen noch gar sachgerecht einsetzen läßt.

Als Vorbild für die Konzeption dieses Buches haben folgende Lehrbücher gedient:

R. Meerwarth, Leitfaden der Statistik, Leipzig 1939;

R. G. D. Allen, Statistik für Volkswirte, deutsch von W. Förster, Tübingen 1957;

Ch. Lorenz, Forschungslehre der Sozialstatistik, 1. Band, Berlin 1951;

O. Anderson, sen., Probleme der statistischen Methodenlehre in den Sozialwissenschaften, 4. Auflage, Würzburg 1962;

P. H. Karmel und M. Polasek, Applied Statistics for Economists, 3. Auflage, London 1970.

Zur Grundlegung und Aktualisierung der einzelnen Kapitel sind außer speziellen Monographien auch einzelne Zeitschriftenbeiträge herangezogen worden, die vollzählig im abschließenden alphabetisch geordneten Literaturnachweis aufgeführt sind. Auf einzelne Zitate muß wegen des vorgegebenen Maximalumfangs verzichtet werden; es wird aber vom Text aus auf bestimmte Autoren und Publikationen hingewiesen, so oft das sachlich geboten erscheint.

2. Erhebungsplanung

21. Zum Begriff „Erhebung"

Statistische Arbeit kann nur gelingen, wenn die Datengewinnung mit logischer Akribie und handwerklicher Sorgfalt vorbereitet und ausgeführt wird. Dabei ergeben sich jeweils Unterschiede dadurch, daß entweder eine unmittelbare Erfassung der Daten möglich wird oder daß diese im Wege einer Befragung ermittelt werden müssen; in diesem Fall wird von Erhebung gesprochen.

Die Wesensverschiedenheit zwischen beiden Formen der Datengewinnung ergibt sich aus den zu beobachtenden und zu erforschenden Sachverhalten, wie sich schematisch folgendermaßen darstellen läßt:

Erhebung als		
unmittelbare	mittelbare	
Ermittlung der Merkmalsausprägung*)		
In Form einer experimentellen Beobachtung (mit Versuchsanordnung) durch Zählen und Messen der Eigenschaften an allen Elementen sowie Eintragung der Daten in ein sachverständig vorbereitetes Tabellenschema	In Form einer Übernahme von aufgezeichneten Zähl- und Meßwerten oder Befragungsergebnissen (Sekundärstatistik)	In Form einer Befragung von Auskunftspflichtigen bezüglich der Zähl- und Meßwerte in den von ihnen repräsentierten Institutionen oder der in ihnen festgestellten Vorgänge sowie Eintragung der Angaben in ein Zählpapier mit vorgegebenem Fragenschema (Primärstatistik)

Die unmittelbare Erfassung von Merkmalsausprägungen bietet sich im Falle experimenteller Statistik als selbstverständliche Form der Datengewinnung an. Hier besteht die Kunst der Datenerfassung darin, eine technisch fehlerfreie Versuchsanordnung zu gewährleisten. Denn nur bei ungestörter Beobachtung sämtlicher Elemente der Untersuchungsgesamtheit kann es gelingen, die jeweils interessierenden Merkmalsausprägungen als exakte Zähl- und Meßergebnisse

---

*) Es sei ausdrücklich angemerkt, daß die Verschmelzung von Zahlen zu Makrogrößen nicht Teil der Datengewinnung ist (vgl. Kapitel 4).

in das zuvor fachwissenschaftlich ausgearbeitete Tabellenschema einzutragen.

Bei betriebsstatistischen Untersuchungen zur Fertigungskontrolle, Qualitätsprüfung, Lagerbestandsaufnahme usw. kann in gleicher Weise verfahren werden, denn dabei besteht eine dem Experiment ähnliche Situation. Deshalb müssen Erfassung wie Auswertung derartiger Daten nach den gleichen Grundsätzen erfolgen.

Außerhalb solcher technisch bestimmter Aufgaben lassen sich die interessierenden Tatbestände im sozioökonomischen Bereich jedoch nicht im Wege direkter Beobachtung erfassen. Vielmehr müssen sie im Falle primärstatistischer Erhebung durch Befragung, bei Sekundärstatistiken durch Übernahme von Aufzeichnungen Dritter erhoben werden.

Dabei kommt der sekundärstatistischen Datengewinnung eine Mittelstellung zu: Die Übertragung von Angaben aus Registern oder Aufzeichnungen Dritter gewährleistet einen hohen Genauigkeitsgrad, denn die Listen und Dateiblätter werden nicht für die Zwecke der Statistik, sondern als Unterlagen für irgendeinen Verwaltungsakt angelegt. Somit stehen entweder Ansprüche der Personen gegenüber dem Staat auf dem Spiel (Ausstellung einer Geburts- oder Sterbeurkunde bei Meldungen zum Standesamtsregister) oder umgekehrt Forderungen der öffentlichen Hand gegenüber dem Wirtschaftssubjekt (Erfassung der Merkmale sämtlicher in Betrieb befindlicher Kraftfahrzeuge über die Zulassungs- und Haftpflichtvorschriften). Das bürgt für korrekte Erfassung der Fälle und ihrer Merkmale.

Bei einer sekundärstatistischen Erhebung ist der Forscher, wie beim Experiment, frei in der Abgrenzung seines Kollektivs. Es liegt bei ihm, wie er den Stichtag und die Beobachtungsperiode festlegt und wie die regionale Abgrenzung erfolgt. Er entscheidet frei über den für seine Zwecke benötigten Merkmalskatalog. Auch technisch ähnelt die Datenerfassung derjenigen des Experiments: In der Regel kann unmittelbar vom Beobachtungsmaterial aus eine Auszählung und Eintragung in das vom Sachinteresse her entworfene Tabellenschema erfolgen.

Andererseits ist die sekundärstatistische Datenermittlung inhaltlich insofern den „Erhebungsverfahren" zuzurechnen, als das für eine statistische Auswertung bereitgestellte Datenmaterial nicht aus unmittelbar beobachteten Meß- und Zahlenwerten besteht, sondern aus Aufzeichnungen. Dies bedeutet gleichzeitig, daß die im Material vorgegebenen Definitionen von Einheiten und Merkmalsausprägungen die Auswertung beeinträchtigen können.

Das Wesen der eigentlichen „Erhebungen" besteht nämlich darin, daß ein Nachweis von Mengen- oder Wertangaben über soziale und wirtschaftliche Sachverhalte ermöglicht wird, die sich unmittelbarer Beobachtung und Aufzeichnung entziehen. Diese Eigenart der Erhebung stellt völlig andersgeartete technische und logische Anforderungen an die Vorbereitung des eigentlichen Ermittelungsvorgangs als eine unmittelbare „Erfassung". Denn hier geht es nicht nur darum, Störfaktoren auszuschalten, die auf der Seite des Statistikers die Genauigkeit der ermittelten Zahlen beeinträchtigen könnten, sondern auch darum, die Bereitschaft und Fähigkeit der Berichtspflichtigen so weit zu aktivieren, daß Angabefehler vermieden oder doch so gering wie möglich gehalten werden.

Um zu erreichen, daß die von den Auskunftspersonen erteilten Meldungen zum Sachverhalt X, Y oder Z inhaltlich vollständig mit den gesuchten Detailinformationen zum Untersuchungsgegenstand übereinstimmen, bedarf es einer breit ausgefächerten Erhebungsplanung. Dieses „Zurechtschneidern" von statistisch formulierten Begriffen auf die Fragestellungen, von G. Menges (1968) als „Adäquation" in die Fachsprache eingeführt, vollzieht sich demnach auf zwei Ebenen: logisch in der Erhebungsvorbereitung, technisch bei der Formulierung des Tabellenprogramms.

22. Erhebungsvorbereitung

Wenn die Tabellenwerte dadurch zustandekommen sollen, daß irgendwelche Berichtspflichtigen auf die jeweils sachlich formulierte Frage eine eindeutig interpretierbare Antwort geben, so bedarf es eingehender Kommunikation zwischen dem Träger der Erhebung und den Auskunftspersonen. Wäre etwa darüber zu befinden, welcher Berufsgruppe ein Arbeiter oder welcher Warenart bzw. Handelsklasse ein einzelnes Industrieprodukt zugehört, so sind meistens, je nach dem Erfahrungshorizont des Befragten, mehrere Antworten möglich. Deshalb muß dafür gesorgt werden, daß die Fragen eindeutig formuliert sind und daß ihre Beantwortung, je nach dem Informationsstand des Berichtspflichtigen, sachlich richtig erfolgen kann.

Dies ist deshalb ebenso schwierig wie wichtig, weil sich die Erhebungsplanung auch darauf erstrecken muß, das Erhebungsprogramm an die gegebenen organisatorischen Möglichkeiten anzupassen.

221. Organisatorische Voraussetzungen der Erhebungsplanung

Selbst bei einer so weitgehend zentralisierten Organisation der interessenneutralen „Verwaltungsstatistik", wie sie in den meisten europäischen Staaten, auch in der BRD, besteht, beruht die Ergiebigkeit der amtlichen Erhebungen ganz wesentlich auf den Vorarbeiten, die von der unternehmerischen Wirtschaft und ihren Verbänden geleistet worden sind, sowie auf der Mitarbeit von erwerbswirtschaftlichen und wissenschaftlichen Forschungsinstituten. In einer Synopsis läßt sich das vielfältig verknüpfte Netz zwischen Trägern wirtschafts- und sozialstatistischer Erhebungen darstellen, wie Übersicht 1 zeigt:

Die Träger der „Privaten Statistik", die über einschlägiges Zahlenmaterial verfügen, sind gegenüber der amtlichen Statistik auskunftspflichtig. Deshalb sind gute Voraussetzungen dafür geboten, mittels amtlicher Erhebungen sachdienliche und exakte Angaben zu erhalten. Andererseits können Erhebungen der amtlichen Statistik nur veranstaltet werden, wenn zuvor eine spezielle und detaillierte gesetzliche Anordnung ergangen ist. Während der Beratung des Erhebungsprogramms besteht für die Vertreter der „Privaten Statistik" die Möglichkeit, auf die Grenzen der Informationsbereitschaft und des Informationsmaterials bei den Berichtspflichtigen hinzuweisen. Damit sind organisatorisch die Voraussetzungen dafür gegeben, eine statistische Erhebung so vorzubereiten, daß der größtmögliche Informationsgewinn erzielt wird.

Wie sich gezeigt hat, läßt sich das Interesse der Berichtspflichtigen (und damit die Angabengenauigkeit) steigern, wenn die Erhebung nicht mittels Postbefragung (mit Selbstausfüllung), sondern durch geschulte Zähler und Interviewer erfolgt. Auch bietet sich das Mittel der Probeerhebung an, um Hinweise auf Verständnisschwierigkeiten im Fragenschema zu erlangen.

Beträchtliche organisatorische Schwierigkeiten (und damit eine Gefährdung der Erhebungsresultate) ergeben sich bei der Planung von Erhebungen, die zugleich Informationen über mehrere Sachverhalte erbringen sollen (Mehrzweckstatistiken); die gesuchten Angaben sollen dabei, auch wenn sie sachlich nicht zum gleichen Fragenkreis gehören, in der Person des Berichtspflichtigen zusammengeführt werden. Eine derartige Situation ist in der Experimentalstatistik kaum vorstellbar, im Zuge des amtlichen Erhebungsprogramms jedoch häufig unvermeidbar, weil die Verwaltungsstatistik möglichst vielen Regierungsstellen die erforderlichen Entscheidungsunterlagen bereitstellen muß.

Übersicht 1: Träger der wirtschafts- und sozialstatistischen Erhebungen (dargestellt für die BRD)

I. Bezeichnung	Private Statistik			Verwaltungsstatistik				Internationale Statistik	
II. Charakterisierung	Interessenstatistik		Forschungsstatistik	Amtliche Statistik i. e. S.		Ressortstatistik	Fachstatistik (z.T. über das Bundesamt für gewerbliche Wirtschaft)	Kommunalstatistik	Institutionen*)	Konferenzen*)
III. Institutioneller Träger	Unternehmen	Unternehmensverbände	Institute	Statist. Bundesamt	Statist. Landesämter	Ministerien, Bundesbank, Arbeitsverwaltung usw.	Verschiedene**)	Gemeinden und Kreisverwaltung	OECD STAEG Europarat UNESCO FAO GATT WHO Statistisches Amt der UN	ECE ILO Konferenz europäischer Statistiker
IV. Aufgaben	Betriebsstatistik (Betriebstechnik, Löhne, Anlagen, Kostenstatistik, Lagerbewegung) Marktstatistik (Einkäufe, Absatzwege und -regionen, Zahlungsweise, Finanzierung)	Betriebsvergleich Marktbeobachtung	Methodenkritik Methodenentwicklung. Interpretationen der amtlichen Tabellen	Erhebung über sozioökonomische Strukturen und Vorgänge, jeweils aufgrund gesetzlicher Anordnungen, publiziert im Statistischen Jahrbuch, in Fachserien, in der Zeitschrift „Wirtschaft und Statistik"		Sammlung des periodisch anfallenden statistischen Datenmaterials der Ressorts	Rohstoff- und Produktionsstatistiken für ausgewählte Produktionsgüter	Städte- und Kreisstatistiken, z. T. als Mitwirkung an der amtlichen Statistik	Zusammenstellung nationaler Statistiken und Durchführung eigener Erhebungen	

*) Zu den Abkürzungen wie auch zur organisatorischen Kooperation des Statistischen Bundesamtes mit diesen Institutionen vgl. „das arbeitsgebiet der bundesstatistik ...", S. 38 ff. mit Schema 39.
**) Vgl. im einzelnen „das arbeitsgebiet ...", S. 166–171.

Beispielsweise wurden gelegentlich einer Wohnungszählung im Bundesgebiet folgende Problembündel erfragt:
(1) Überprüfung resp. Berichtigung der Zahlen über die Struktur der Haushalte aus einer um Jahre zurückliegenden Volkszählung
Zu erfragen:
Personenzahl und -alter
Beruf des Haushaltsvorstands
Anzahl der Haushalte je Wohnung
(2) Schaffung von Unterlagen für die Finanzierung des Sozialen Wohnungsbaus
Zu erfragen:
Anzahl und Größe der Wohnräume
Ausstattung mit Küchen und sanitären Einrichtungen
geforderte Wohnungsmiete je m²
zu kombinieren mit den Angaben zu (1)
(3) Gewinnung einer Auswahlgrundlage für eine Stichprobe über die Struktur von Einkommen und Verbrauch in privaten Haushalten
Zu erfragen:
Monatseinkommen, Monatsmiete, bezogen auf Beruf und Stellung des Haushaltsvorstands (aus (1))
Personenzahl je Wohnung und Haushalt (aus (1) und (2))

Aus diesem Beispiel wird ersichtlich, daß die zu den Fragen (1) und (2) ermittelten Angaben nur bedingt tauglich sind als Auswahlgrundlage und Hochrechnungsrahmen für die unter (3) beabsichtigte Stichprobenerhebung. Der „Beruf" des Haushaltsvorstandes muß erfragt werden, um die Angaben zur Berufsgliederung der Bevölkerung in der Volkszählung prüfen zu können. Für die Beurteilung des Fragenkomplexes „Sozialer Wohnungsbau" und „Verbrauchsausgaben" wäre es aber wichtiger, die „Soziale Stellung" des Haushaltsvorstandes zu kennen.

Wie in anderen Industriestaaten ist die Funktion eines „fact finders of the nation" auch in der BRD bei einer zentralen Institution konzentriert, dem Statistischen Bundesamt. Ihm obliegt die Durchführung einmaliger oder periodisch wiederkehrender Erhebungen für Zwecke der Bundesregierung und -verwaltung und damit auch die Herstellung organisatorischer Verbindungen zu nichtstaatlichen Trägern der wirtschaftsstatistischen Arbeit. Vor allem erstreckt sich die Zuständigkeit dieser Behörde auch darauf, die systematische, zeitliche und inhaltliche Koordination derjenigen Ressortstatistiken zu bewirken, die von anderen mittelbar an der Datengewinnung beteiligten Körperschaften erstellt werden. Dazu gehören beispielsweise die Geschäftsstatistiken des Finanzressorts, des Agrarministeriums oder der Arbeitsverwaltung, der Bundesbank und anderer

Bundesbehörden; sie enthalten eine Fülle von Struktur- und Prozeßdaten, die mittels sekundärstatistischer Auswertung (ohne eigene Erhebungsplanung) in das amtliche Tabellenprogramm übernommen werden können.

Zu erwähnen ist schließlich, daß die Erhebungsplanung in der Verwaltungsstatistik organisatorisch von allen jenen Beschlüssen abhängt, die von supranationalen statistischen Institutionen und internationalen Statistikerkonferenzen im Interesse des zwischenstaatlichen Vergleichs gefaßt werden [1]).

222. Logische Anpassung des Erhebungsprogramms an das Untersuchungskonzept

Wenn das zu beschaffende Datenmaterial die Aussagen liefern soll, die gesucht werden, so ist im Rahmen der Erhebungsplanung viel logische Vorarbeit zu leisten, um das effektive Erhebungsprogramm inhaltlich auf die fachwissenschaftlich konzipierte Fragestellung abzustimmen [2]).

Grundsätzlich gilt für jede motivierte Statistik, daß zuverlässige Prädikatsmerkmale nur unter der Bedingung ermittelt werden können, daß die definitorische Abgrenzung des Kollektivs aus dem Universum mit Hilfe exakter Identifikationsmerkmale erfolgt. Für eine präzise Planung der Datenerfassung muß demnach gefordert werden, daß alle in das Kollektiv einbezogenen Erhebungseinheiten zumindest in je einem zeitlichen, regionalen und kategorialen Merkmal identisch sind. Selbst bei einer solchen Absicherung der Identität läßt sich die Anpassung des Kollektivs an die Fragestellung nur dadurch zuverlässig erreichen, daß zuvor die wirtschaftstheoretischen Vorstellungen eindeutig und zugleich statistisch operational formuliert werden. Damit ist der Prozeß einer inhaltlichen Adäquation der in die Erhebung einzubeziehenden Merkmalsträger (Erhebungsrahmen) an das fachwissenschaftlich umschriebene Konzept für die statistische Gesamtheit (Zielgesamtheit) eingeleitet; d. h. es muß angestrebt werden, das ideale und reale Untersuchungskollektiv deckungsgleich zu formulieren.

---

[1]) Vgl. im einzelnen „das arbeitsgebiet der bundesstatistik, S. 11–41, dabei insbesondere die Schemata S. 17 und 19.

[2]) Die wissenschaftstheoretische Grundlegung für diese Vorüberlegung zum definitorischen Konzept ist in der Frankfurter Schule der Statistik entwickelt worden. Auf diese, insbesondere von P. Flaskämper, H. Hartwig und G. Menges vorgetragenen, methodenkritischen Vorstellungen wird hier allgemein (ohne einzelnen bibliographischen Nachweis) Bezug genommen.

Die Problematik einer Identität zwischen Konzept und statistischer Gesamtheit läßt sich anhand einiger Beispiele verdeutlichen, um Verständnis dafür zu wecken, daß eine eindeutige Vorstellung vom Gegenstand des zu erfragenden oder zu zählenden Sachverhalts entwickelt werden muß, um die Konzeption einer wirtschaftsstatistischen Erhebung zu realisieren.

Beispiel 1 zeigt dies anhand der verschiedenen Möglichkeiten einer Erfassung der Agrarstruktur:

Der agrarwirtschaftlichen Strukturstatistik kommt im ökonomischen Informationssystem ein hoher Stellenwert zu. In einer großen Anzahl von landwirtschaftlichen Betrieben (1,1 Mio), die 83 % der Staatsfläche land- oder forstwirtschaftlich nutzen, erwerben rund 2,7 Mio Menschen ihren Lebensunterhalt, wenn auch nur teilweise im Hauptberuf.

Es gibt Strukturstatistiken, die katasterbezogen auf die Bodennutzung abgestellt werden; dabei gilt das Konzept der Produktionsbeteiligung, wie es seit mehr als 100 Jahren gebräuchlich ist. Danach werden zur Agrarstatistik alle wirtschaftlichen Betriebe herangezogen, die sich an der Hervorbringung land- und forstwirtschaftlicher Erzeugnisse beteiligen, sofern die von ihnen bewirtschaftete Fläche (einschl. Hof- und Wegeland und sonstigem nichtagrarisch genutzten Grund und Boden) 0,5 ha überschreiten. So gehören nicht nur Betriebe mit Sonderkulturen (Wein-, Obst-, Gemüseanbau, Baumschulen, Fischzucht u. ä.) zum Erhebungsbereich, sondern auch Imkereien oder Gärtnereien und andere Neben- und Spezialbetriebe. Über den Einschluß von Kleinstbetrieben in die Erhebungsgesamtheit kann positiv oder negativ entschieden werden. Unter wirtschaftspolitischem Aspekt sind diese Nutzflächen, deren Erträge ausschließlich dem Eigenverbrauch der Besitzer zufließen, ohne Belang; sozialpolitisch kann ihre Einbeziehung, etwa im Blick auf regionale Unterschiede im Tariflohnniveau, wichtig erscheinen.

Nach einem 1966/67 erstmals im EWG-Bereich realisierten Konzept wird der Erhebungsrahmen auf die Hauptproduktionsrichtung (HPR) derjenigen Einheiten begrenzt, deren ökonomische Aktivität schwerpunktmäßig auf der Hervorbringung agrarwirtschaftlicher Produkte liegt. Dieses Kriterium wird quantifizierbar im Verkaufswert der wichtigsten Agrarerzeugnisse, und zwar unabhängig davon, ob sie für effektive Marktleistungen an außeragrarische Wirtschaftsbereiche bestimmt sind oder dem innerlandwirtschaftlichen Tauschverkehr (Futtermittel ↔ Viehprodukte) sowie dem Eigenverbrauch zugeführt werden. Vorausgesetzt ist eine Mindestbetriebsfläche von 0,5 ha bzw. eine Mindestnutzfläche von 1 ha, sei diese auch lediglich gepachtet. (Betriebs- und Nutzflächen differieren im wesentlichen um den Anteil von Gebäude-, Hof- und Wegeland, Ödland usw.) Ausgeschlossen aus dem Kollektiv sind beim Konzept der Produktionsbeteiligung außer den Dienstländereien und sonstigen Kleinstbetrieben auch solche an der agrarwirtschaftlichen Erzeugung beteiligten Wirtschaftssubjekte, deren Produktionsschwerpunkt außerhalb der Agrarwirtschaft liegt (Gastwirtschaften, Korn- und Weinbrennereien, Sektkellereien usw.).

Ein Konzept, bei dem auf das Produktionspotential der Agrarwirtschaft abgestellt wird, liegt dem Welt-Agrar-Zensus zugrunde, wie er in der BRD erstmals für das Landwirtschaftsjahr 1970/71 durchgeführt worden ist. Hierbei wird eine Strukturerhebung des als „Land- und Forstwirtschaft" definierten Wirtschaftsbereiches mit dem Ziel veranstaltet, seinen Beitrag zum Sozialprodukt in den Volkswirtschaftlichen Gesamtrechnungen klar abzugrenzen. Bei diesem Konzept geht es um die marktbeteiligten Betriebe unter den Eigentumseinheiten. Als Identifikationskriterien des Kollektivs sind folgende Merkmale vorgegeben worden:

(a) Die Mindestbetriebsgröße ist festgelegt wie beim HPR-Konzept
(b) Die Mindestkapazität wird im allgemeinen nach der jeweils genutzten Landwirtschaftsfläche, Holzbodenfläche oder fischereiwirtschaftlich genutzten Gewässerfläche bei 1 ha angesetzt. Kleinstbetriebe mit Eigentumsflächen unter 0,5 ha können dem Erhebungsrahmen zugerechnet werden, sofern sie Nutzland bzw. Teiche hinzupachten und mehr als 1 ha Land agrarwirtschaftlich nutzen.
(c) Die Mindestkapazität kann bei Veredelungsbetrieben (z.B. Geflügelhaltung auf betriebsfremder Futtergrundlage) auch gegeben sein, wenn weder Betriebs- noch Nutzfläche den vorgegebenen Schwellenwert erreichen. Sie gehören dann zum Erhebungsbereich, wenn der Marktwert ihrer Agrarproduktion einen Mindestumsatz erreicht oder überschreitet; das waren 1971 rund 5 % aller erfaßten Agrarbetriebe.

Beispiel 2 zeigt die Bedeutung des Konzepts bei der Planung eines Erhebungsrahmens zur Charakterisierung der Struktur der gewerblichen Wirtschaft. (Vgl. dazu auch Diagramm 8).

International wird bei der Struktur- und Prozeßstatistik zwischen agrarwirtschaftlicher und gewerblicher Aktivität unterschieden[3]). In der deutschen amtlichen Statistik wurde die Bezeichnung „gewerbliche Wirtschaft" während der letzten 50 Jahre recht unterschiedlich interpretiert: Nach dem Sprachgebrauch des Wirtschaftsrechts umfaßt der Begriff Gewerbe "... alle in der Absicht auf Gewinnerzielung unternommenen und auf Dauer angelegten Tätigkeiten". Demzufolge umfaßte die Gewerbesystematik von 1939 neben den Betrieben des „Produzierenden Gewerbes" auch die gewerbliche Güterzirkulation, wie Handel, Verkehr, Banken usw. In der amtlichen Statistik der BRD galt seit 1950 „Produzierendes Gewerbe" als integraler Begriff für Industrie und Handwerk, je nach der Fragestellung wurden Bergbau und Energiewirtschaft eingeschlossen oder auch nicht. Die wichtigeren Prozeßdaten werden aber im Rahmen besonderer Erhebungen getrennt für Industrie und Handwerk ermittelt, wobei sich die Erhebungsbereiche teilweise überschneiden. (Würden etwa Summen aus Belegschaftszahlen, Umsatz- oder Lohnbeträgen errechnet, so entsprächen diese deshalb nicht den Gesamtzah-

---

[3]) In der amtlichen Statistik des U.K. wird die Agrarwirtschaft wegen der besonderen Unternehmensform wie auch im Blick auf den hohen Anteil des Eigenverbrauchs am Produktionsertrag dem Bereich des „Personal Sector" zugerechnet, also dem Haushaltssektor!

len für das Produzierende Gewerbe!) Erst nach der breiteren Definition des „Welt-Industrie-Zensus" von 1963 umfaßt der Erhebungsrahmen wieder, wie 1939, alle Teilbereiche der produzierenden Wirtschaft, die sich der Gewinnung, Umformung, Ausbesserung oder Verarbeitung von Stoffen und Energie widmen.

Die logische Adäquation als Vorlaufphase einer jeden wirtschaftsstatistischen Erhebung zielt demnach darauf ab, für das jeweilige fachwissenschaftliche Untersuchungsobjekt einen Erhebungsrahmen festzulegen, der eine inhaltliche Übereinstimmung zwischen den abstrakt umschriebenen und den empirisch erfaßten Tatbeständen sichert. Für ein solches „Coverage" ergeben sich auch daraus Schwierigkeiten, daß Wissenschaft und Praxis den Sachverhalt häufig nicht so definieren, wie das zur Durchführung einer statistischen Erhebung erforderlich wäre.

223. Operationale Anpassung des Erhebungsprogramms an das Untersuchungskonzept

Um die Untersuchungsgesamtheit inhaltlich an den Erkenntnisgegenstand anpassen zu können, muß eindeutig festgelegt werden, durch welche zeitlichen, kategorialen und räumlichen Identifikationsmerkmale die Einheiten charakterisiert werden sollen. Auch hierbei ergeben sich Unterschiede zur experimentellen Datengewinnung. Um die Treffsicherheit des Urteils zu gewährleisten, müssen Zeitpunkt und Berichtszeitraum auch bei experimentellen Statistiken exakt festgelegt werden. Bei sozioökonomischen Sachverhalten kann der Zeitfaktor jedoch vergleichsweise häufiger als beim Experiment einen unbemerkten Einfluß auf das im übrigen eindeutig definierte Kollektiv gewinnen; daraus kann folgen, daß die aus dem tabellierten Datenmaterial abgeleiteten Indikatoren ein irriges Urteil stützen.
Demzufolge muß die Zeitkomponente so definiert werden, wie sie sich in der sozialen Erfahrungswirklichkeit auswirkt. Kalenderunregelmäßigkeiten (Ostern, Häufung von Feiertagen) müssen ebenso bei der Datenerfassung und -bewertung berücksichtigt werden wie andere entlang der Zeit veränderte Ausgangsbedingungen im Datenbild der Massenerscheinungen (Kriege, Streiks, Erdbeben usw.).
Auch zeitbedingte Änderungen im Rechtsleben können störend auf den statistischen Vergleich einwirken; sie sind deshalb in der Erhebungsplanung zu beachten.

So würde die Aussagekraft der Ergebnisse von Lohnsteuerstatistiken berührt, falls die Bestimmungen des Lohnsteuerrechts über abzugsfähige Aufwendungen geändert würden. Ein einzelner Zählfall, der zuvor hinsichtlich seines Einkommens eindeutig definiert und einer bestimmten Lohngruppe zuzurechnen war, könnte dann, zufolge veränderter Bestimmungen, einer höheren oder niedrigeren Klasse zuzuordnen sein, je nachdem, ob der betreffende Lohnempfänger den möglichen Steuervorteil in Anspruch nimmt oder nicht.

Die operationale Anpassung muß sich jedoch, über die zeitliche Identität hinaus, auch auf die Vorsorge erstrecken, daß sich das untersuchte Kollektiv durch die erfaßbaren Elemente darstellen läßt. Zwischen der konzeptgerechten Gesamtheit (Zielgesamtheit = „target population") und dem realiter erfaßten Kollektiv (Realgesamtheit) können sich dadurch inhaltlich Abweichungen ergeben, daß die theoretisch eindeutig definierten „Elemente" in der Erfahrungswirklichkeit nicht deutlich voneinander zu unterscheiden sind.

Anders als im naturwissenschaftlichen Bereich sind nämlich die erfaßbaren „Einheiten" für sozioökonomische Untersuchungen nicht identisch mit den nach dem Forschungsziel definierbaren „Elementen" der Gesamtheit. Wenn Daten (d. h. also Merkmalsausprägungen an bestimmten Einheiten) zum Gegenstand einer statistischen Darstellung oder Analyse gemacht werden, so kann sich insofern ein Identitätsproblem ergeben, als einzelne Merkmalsausprägungen nicht direkt den jeweiligen Elementen zugeordnet werden können, weil die statistischen Einheiten in sozioökonomischen Erhebungen weder untereinander austauschbar noch in sich invariabel zu definieren sind. Hier hilft auch der Denkansatz der mathematischen Mengentheorie nicht weiter; zwar sind „Mengen" von Institutionen oder Erzeugnissen vorstellbar (die Industrie, das Agrarprodukt), eine additive Verbindung der Teilmengen aus den Informationen läßt sich aber statistisch nicht vollziehen.

Unter dem Aspekt einer organisatorisch-technischen Realisierung des eindeutig definierten Erhebungskonzepts bietet es sich an, die logisch definierten von den pragmatisch realisierten Elementen des statistischen Kollektivs zu unterscheiden. Unter diesem Blickwinkel sind folgende technisch vom Erhebungsverfahren her zu differenzierenden Bezeichnungen für die Elemente zu unterscheiden:

Als Erhebungseinheit gilt das organisatorisch erfaßbare Element, das entweder mit dem konzeptgerechten Merkmalsträger identisch ist oder diesen umschließt.

Als Erhebungseinheit einer Volkszählung (VZ), mit der alle Personen der Wohnbevölkerung nach demographischen und sozioökonomischen Merkmalen erfaßt werden sollen (Alter, Familienstand, erlernter und ausgeübter Beruf, Erwerbsbeteiligung u. a. m.), gelten Haushalte (oder auch Wohnungen). Als Erhebungseinheiten einer Land- und Forstwirtschaftlichen Betriebszählung (LFZ) erscheinen die Haushalte, die sich der Bewirtschaftung von Nutzflächen widmen.

Als Berichteinheit gelten Personen, die als Individuen oder als Repräsentanten eines Haushalts oder Betriebs nach dem jeweiligen Statistik-Gesetz als auskunftsverpflichtete „Befragte" gehalten sind, die Angaben zu liefern.

Als Berichteinheit in VZ und LFZ gelten Haushaltsvorstände. Beim Zensus nichtlandwirtschaftlicher Arbeitsstätten (AZ) sind entweder selbständige Unternehmer oder die jeweils organisatorisch verantwortlichen Leiter auskunftspflichtig.

Als Zähleinheit werden die jeweils eingesetzten „Datenträger" bezeichnet, welche zur Aufnahme der Angaben dienen und danach technisch die Erhebungseinheiten mit ihren Merkmalsausprägungen repräsentieren.

Fragebögen; Zählkarten; Haushaltslisten

Als Auswahleinheit werden solche Erhebungs- oder Zähleinheiten bezeichnet, die im Zusammenhang mit einer totalen Erhebung oder einer Auflistung als Elemente des konzeptgerechten Kollektivs angesehen und zur Auswahl für eine repräsentative Teilerhebung vorgesehen werden. (Auswahleinheiten werden dadurch zu Stichprobeneinheiten, daß sie mittels Zufallsauswahl in die Teilerhebung einbezogen werden.)

Für eine 10%ige Kontroll- oder Zusatzerhebung zur VZ steht als Auswahlgrundlage die Gesamtheit aller VZ-Fragebogen zur Verfügung; für eine repräsentative Ergänzungserhebung des LFZ die Datei aller Sonderkulturbetriebe. Die einzelnen Zählblätter oder Karten sind „Auswahleinheiten"; die für eine Vorwegaufbereitung zufallsbedingt ausgewählten Zähleinheiten unter den Auswahleinheiten sind Stichprobeneinheiten.

Im Auswertungsprozeß können aus einer Erhebungseinheit mehrere Aufbereitungs- bzw. Darstellungseinheiten abgeleitet werden.

Aus den Angaben zur Haushaltsgröße und -struktur, Stellung einzelner Mitglieder zum Haushaltsvorstand und ihrem Lebensalter kann nach folgenden Einheiten (mit zahlreichen Merkmalen) eine „Aufbereitung" erfolgen: Haushalte, Familien und Personen. Aus den Merkmalen zur Erfassung nichtlandwirtschaftlicher Arbeitsstätten läßt sich ebenso durch Aufbereitung nach örtlichen, technisch organisatorischen Merkmalen ein Bild von der Betriebsstruktur zeichnen (Aufbereitungs- und Darstellungseinheit = local unit) wie sich durch Heranziehen von firmenrechtlichen oder finanzrechtlichen Merkmalsausprägungen die Aufbereitungseinheit „Unternehmen" (enterprise) kombinieren und darstellen läßt.

Dem Konsumenten wirtschaftsstatistischer Daten stehen regelmäßig nicht die Angaben über die Erhebungseinheiten, sondern nur Zählergebnisse für die Darstellungseinheiten zur Verfügung. Bei Verwendung dieser Zahlen muß darauf geachtet werden, ob die statistisch beschriebenen Einheiten kategorial mit den für die Beurteilung erforderlichen Merkmalsträgern übereinstimmen; andernfalls können erhebliche Fehlinterpretationen auftreten.

224. Adäquation und Coverage

Die logischen und technischen Vorarbeiten, die zur Anpassung der Erhebungsgesamtheit an das fachlich entwickelte Konzept des jeweiligen Tatbestandes erforderlich sind, beziehen sich vornehmlich auf die inhaltliche Übereinstimmung. Außerdem muß auch Vorsorge getroffen werden, daß organisatorisch keine Abweichungen zwischen der konzeptgerechten Zielgesamtheit und der empirisch erfaßten Realgesamtheit auftreten. Schematisch lassen sich derartige Abweichungen im „Coverage" wie folgt darstellen:

Diagr. 1: Coverage-Problem bei wirtschaftsstatistischen Erhebungen

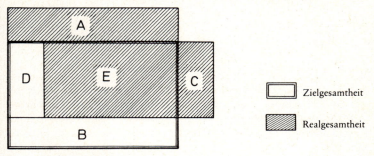

A = Fehlerhafte Erfassungen
     Erfaßte Erhebungseinheiten, die nicht dem Konzept entsprechen
B = Auslassungen im Erhebungsplan
     Konzeptgerechte Erhebungseinheiten, die nicht erfaßt werden
C = Doppelerfassungen
     Doppelt erfaßte, konzeptgerechte Einheiten
D = Ausfälle im Erhebungsprozeß
E = Übereinstimmung von Konzept und Rahmen

Nur für den Flächenbereich E erscheint nach diesem Schema die kategoriale Identität zwischen Konzept und statistischer Gesamtheit gesichert. Jede fehlerhafte Erfassung oder Vernachlässigung von Erhebungseinheiten kann die Zuverlässigkeit von Zahlen aus Voll- oder Teilerhebungen stark beeinträchtigen.

23. Adäquation des Tabellenprogramms an den Erhebungsplan

Nach dem fachlichen Konzept einer sozioökonomischen Erhebung dürfte es kaum jemals genügen, die konzeptgerecht abgegrenzte Gesamtheit daraufhin zu beschreiben, wie sich die Elemente auf einige wenige Merkmalsgruppen verteilen. Vielmehr wird die Untersuchung erst aufschlußreich, wenn vielfältige Merkmalskombinationen ausgewertet werden können. In der vorbereitenden Phase ist nun zu prüfen, welche der zahlreichen Merkmalskombinationen im Sinne des Untersuchungszwecks als hinreichend informativ erscheinen, um für diese eine fachliche, regionale und zeitliche Aufgliederung nach dem jeweils sachlich besten Muster vorzusehen. Dieser Teil der Erhebungsplanung schlägt sich im sog. „Tabellenprogramm" nieder. Dieses steht zusätzlich unter dem Anspruch, die gesuchte Information so vollständig und rechtzeitig wie möglich bereitzustellen und dabei auch die bei der Erhebung und Auswertung entstehenden Kosten zu beachten.

231. Umfang und Zuschnitt der Erhebung

Der Einfluß der Fragestellung auf das Programm wirtschaftsstatistischer Erhebungen wirkt sich insofern auf den Zuschnitt des Erhebungsprogramms aus, als bestimmte Erhebungspläne besser mittels einer Totalerhebung, andere vorteilhafter als Teilerhebung zu realisieren sind.

231.1. *Grundsätze für die Festlegung des Erhebungsumfangs*

Wenn sich das Informationsbedürfnis auf Strukturfragen richtet, wie beispielsweise auf die Gliederung der Volkswirtschaft in Wirtschaftsbereiche, der Bereiche in Betriebsgrößenklassen, in rechtliche Unternehmensformen, usw., so geht es darum, einen zeitpunktbezogenen Querschnitt durch die jeweilige Ganzheit zu legen. Dafür muß das „Kollektiv" in vollem Umfang erfaßt und dargestellt werden. Dies geschieht im Wege einer Totalerhebung („Zensus"). Wegen der langwierigen Vorbereitungen, die allein dafür erforderlich sind, die in Betracht kommende „totale" Gesamtheit in Form einer Anschriftenliste zugängig zu machen, sind umfassende Vollerhebungen für die amtliche Statistik nur in mehrjährigem Abstand und mit streng durchrationalisiertem Fragenprogramm durchführbar.

Wird andererseits nach Indikatoren für die Aktivitäten der Wirtschaftssubjekte im Leistungs- und Konsumprozeß gefragt, so genügt meist die Erfassung eines repräsentativen Ausschnitts aus dem Gesamtgeschehen. Da der Berichtskreis hierbei entweder permanent (Lagerbewegung, Beschäftigungsstand) oder mittels kurzfristig wiederholter Befragungen (Preisniveau, Produktionsmengen) erfaßt werden muß, überwiegen bei der Prozeßstatistik Teilerhebungen mit grundsätzlich gleichbleibendem Fragenprogramm.

Der Umfang des Erhebungsrahmens wird demnach insoweit durch das Erhebungsprogramm bestimmt, als entweder eine erschöpfende oder aber eine partielle Erfassung der konzeptgerechten Grundgesamtheit festgelegt wird. Dieser Zusammenhang zwischen Erhebungskonzept und Umfang des Erhebungsrahmens läßt sich schematisieren, wie das auf S. 34 geschieht:

Demnach bedeutet eine Entscheidung über den Umfang der Erhebung auch zugleich eine Festlegung über den weiteren Adäquationsprozeß des Tabellenprogramms: Je nach dem Umfang des Erhebungsrahmens lassen sich bei gleichen Kosten mehr oder weniger effiziente Erhebungsverfahren anwenden (Interviewbefragung anstelle Selbstausfüllung) oder ein vertieftes Fragenprogramm realisieren (Vollerhebung als qualifizierte Anschriftenliste, gleichzeitige Repräsentativstatistik mit detailliertem Befragungsschema). Andererseits kann es im Interesse der Kostenersparnis erforderlich werden, ein Erhebungsverfahren zu wählen, das weniger ergiebiger ist (Postbefragung, obgleich dabei durch „non-response"-Fälle und unvollständige Beantwortung eine höhere Ausfallquote in Kauf zu nehmen ist).

Die Entscheidung über den Erhebungsrahmen ist keineswegs allein vom Statistischen her zu optimieren; vielmehr gibt es objektive Widerstände und Erfordernisse, die das Tabellenprogramm mitbestimmen.

Aus den Rahmenbedingungen des Erhebungskonzepts abgeleiteter Erhebungsumfang	Totalerhebung		Teilerhebung	
Erhebungsgrundlagen	vollständige		Bewußte Auswahl von Berichts- resp. Erhebungseinheiten	Zufallsauswahl von Stichprobeneinheiten
	Erfassung aller Einheiten aus Registern, Karteien, Listen usf. (Sekundärstatistik)	Befragung aller Einheiten oder ihrer Repräsentanten aufgrund einer Anschriftenliste (Primärstatistik)		
			aus Unterlagen vorhergehender Totalerhebungen oder aus vollständigen Registern, Dateien usw.	
Wesentliches Informationsfeld	1. Beschreibung des Kollektivs mittels Indikatoren über dessen innere Zusammensetzung (vorwiegend für Strukturstatistiken) 2. Datengewinnung für regionale Vergleiche innerhalb des Gesamtraumes 3. Basis für die Planung von Teilerhebungen (Lokalisierung der Einheiten und Ermittlung des Umfangs der Grundgesamtheit)		1. Beschreibung von wirtschaftlichen und sozialen Vorgängen in Bewegungs- und Ereignisgesamtheiten (vorwiegend für Prozeßstatistik) 2. Basis für die Beurteilung solcher Vorgänge, die Strukturveränderungen bewirken 3. Instrument zur Durchführung von Kontrolluntersuchungen und Kontrollerhebungen	

231.2. *Totalerhebungen*

Die „erschöpfende" Massenerhebung ist stets dort möglich, wo Bestands- und Ereignismassen aus Zählpapieren entnommen werden können. Eine Vollerhebung im Wege der Befragung ist nur durchführbar, wenn sich die totale Erfassung der Erhebungseinheit im Rahmen der technisch und finanziell gesetzten Grenzen effizient ausführen läßt.

Dies läßt sich wie folgt begründen:

(1) Schwierigkeiten bei Totalerhebungen

Die Hemmnisse für die Planung und Durchführung von Totalerhebungen erweisen sich zunächst in einer Reihe von technisch-organisatorischen Schwierigkeiten.

Die Effizienz von Totalerhebungen	
ist begrenzt durch	ist erwiesen durch
1. Technisch-organisatorische Schwierigkeiten	3. Eignung zur Gewinnung von Grundlagen für Repräsentativstatistiken
2. Informationswiderstand	4. Eignung als Fundament für regionalen / internationalen Vergleich

Technisch kann eine Vollerhebung unsinnig oder unmöglich sein. So wäre es unsinnig, die Reißfestigkeit oder Lebensdauer von Erzeugnissen auch nur für eine einzige Serie im Wege der Totalerhebung zu prüfen, weil die Güter damit ja zerstört werden würden. Andererseits erweist es sich als praktisch undurchführbar, die Lebensdauer von Personengruppen oder auch nur die Marktgängigkeit von langlebigen Gütern primärstatistisch beobachten zu wollen, weil der hierfür erforderliche Zeitaufwand den möglichen Informationsgewinn nicht rechtfertigen würde.

Organisatorisch kann die Anlage einer Vollerhebung daran scheitern, daß keine vollständigen Erhebungsunterlagen verfügbar sind.

Für innerbetriebliche Statistiken wie auch für marktbezogene sekundärstatistische Arbeiten von Unternehmen und Verbänden sind in der Buchhaltung gute Voraussetzungen für eine Vollerhebung gegeben.

Für andere primärstatistische Erhebungen ist die Absicherung lückenloser Verzeichnisse häufig sehr erschwert. Die amtlichen Zensuserhebungen der BRD profitieren von der Möglichkeit, aus Katastern und Gebäudelisten die Haushalte und Arbeitsstätten als lokalisierte Wirtschaftssubjekte ermitteln zu können.

So werden aus den Grundstücks- und Gebäudelisten zunächst „Wohnungen" (mit Haushalten und Personen) ermittelt. Im Anschluß an Volkszählungen ergeben sich die Anschriftenlisten sämtlicher nichtlandwirtschaftlicher

Arbeitsstätten aus den Gebäudelisten, in denen diejenigen Räume als „Arbeitsstätten" ausgewiesen werden, die nicht als „Wohnung" belegt sind.

In anderen Ländern werden Zensusregister aus den Anschriftenlisten der Finanzverwaltung benutzt, aus denen Wohnsitz, Quelle des Lebensunterhalts und Haushaltsgröße der Zensiten hervorgehen und die somit als Unterlage für alle weiteren Wirtschaftsstatistiken geeignet sind.

Schwierig wird es, wenn die Erhebungseinheiten nicht mit den Berichtspflichtigen identisch sind.

So würde es Mühe machen, für eine Erhebung des Pferdebestandes die Erfassungsgrundlage zu finden, nämlich eine Liste aller Tierhalter; denn dazu gehören nicht nur Bauernhöfe, Gestüte, Rennställe, Speditionsbetriebe, Brauereien, sondern auch Privatleute und das Militär. Nahezu unmöglich wäre es aber beispielsweise, entsprechende Unterlagen für eine Zählung von Obstbäumen aufzustellen. In solchen Fällen verbietet sich die Anlage einer Totalerhebung von vornherein.

Weitere Bedenken gegen Totalerhebungen können sich aus der Aktualität des Informationsbedarfs ergeben, denn Großzählungen erfordern langwierige, oft jahrelange Vorbereitungen. Diese organisatorischen Arbeiten verursachen hohe Kosten. Selbst wo der finanzielle Aufwand, gemessen am Zweck der betreffenden Erhebung, gerechtfertigt erschiene, verbietet es sich häufig vom Arbeitsanfall und vom Zeitbedarf her, das ausgearbeitete Programm als Totalerhebung durchzuführen.

Über diese technisch-organisatorischen Grenzen hinaus bildet häufig der Informationswiderstand der Berichtseinheiten eine Barriere, die bei einer Totalerhebung weder technisch noch wirtschaftlich zu überwinden ist. Die Antwortverweigerung kann psychologisch motiviert sein, so etwa bei Fragen über Einkommenshöhe, Verbrauchsausgaben, Schulbildung; sie kann auch auf Verständnislosigkeit oder fehlende Kenntnisse zurückzuführen sein. In beiden Fällen läßt sich meistens die Auskunftsbereitschaft durch persönliche Befragung steigern. Die Datenbeschaffung über Interviewer ist jedoch meist mit Rücksicht auf Kosten- und Zeitaufwand allenfalls für eine Teilgesamtheit zu realisieren.

(2) Vorzüge der Totalerhebung

Zumindest in größeren zeitlichen Abständen ist es jedoch unerläßlich, eine Vollerhebung durchzuführen, weil nur auf diesem Wege eingehende Kenntnisse über Umfang und Struktur einzelner wirtschaftlicher Bereiche zu gewinnen sind. Fragen der Regionalpolitik (d.h. für Stadt- und Landesplanung, Raumordnung usw.) wie auch die Probleme der Umweltpolitik sind nur zu ergründen, wenn regelmäßige Informationen über die Lokalisierung von Wohn- und Arbeitsstätten, über die Ballung oder Entleerung von Teilgebieten des Staatsraums und alle mit solchen Standortfragen verknüpften sozioökonomischen Strukturen in Form von vollständigen Erhebungen vorgelegt werden.

Ähnliches gilt für das Erfordernis vollständiger Branchenerhebungen im Zusammenhang mit wirtschaftspolitischen Strategien von Verbänden und Kammern.

Die mit Vollerhebungen gewonnenen strukturierten Anschriftenlisten dienen überdies als Fundament für die Anlage von Repräsentativstatistiken; sie können als Entscheidungsgrundlage über den erforderlichen Umfang der Teilerhebung und über das zweckmäßige Auswahlsystem dienen. Außerdem stellen sie die bestmöglichen Auswahlgrundlagen für Teilerhebungen dar, zumal dann, wenn sie durch Zwischenerhebungen oder Fortschreibung auf dem laufenden gehalten werden können.

Überdies werden vollständige Basiserhebungen für den zwischenstaatlichen Vergleich verlangt. Erhebungsprogramme und -systematiken der wichtigen internationalen Statistiken folgen den in den Konferenzen erarbeiteten einheitlichen Richtlinien und Empfehlungen. Die einzelstaatlichen Erhebungsprogramme sind deshalb als „Zensus" durchzuführen, wenn das in den Konferenzen beschlossen wurde. Als wesentliche Begründung für den Entschluß zu den mit hohen Kosten verbundenen Volks- und Betriebszählungen sowie für andere Zensus-Erhebungen wird stets angeführt, daß über den Umfang des jeweiligen Kollektivs exakt ausgezählte und vollständige Unterlagen bereitgestellt werden müssen, weil davon auch die Genauigkeit aller Zwischenerhebungen abhängig ist. (Vgl. dazu Kapitel 7).

231.3. Repräsentative Teilerhebungen mit gezielter Auswahl der Elemente

In der Anlage und Beurteilung repräsentativer Teilerhebungen wird die Wesensverschiedenheit zwischen analytischer und informativer Statistik besonders deutlich. Bei der Erforschung naturwissenschaftlicher Projekte ist allenfalls zu erörtern, in welcher Weise vom Instrumentarium der mathematisch analytischen Statistik Gebrauch

gemacht werden könnte. Für Fragen der Wirtschaftsstatistik ist zuvor darüber zu entscheiden, ob denn überhaupt ein wahrscheinlichkeitstheoretisch fundiertes Erhebungsverfahren in Betracht zu ziehen ist.
Deshalb wurde in Schema S. 34 unterschieden zwischen Teilerhebungen, die auf bewußter Auswahl der Erhebungseinheiten beruhen, und den sog. Zufallsstichproben. Diese Unterscheidung ist erforderlich, weil es für zahlreiche wirtschaftliche Untersuchungsobjekte von der Sache her geboten ist, die Teilgesamtheit nach eindringlichem Vorstudium gezielt aus der Auswahlgrundlage zu entnehmen. Auf eine Stichprobenerhebung muß beispielsweise verzichtet werden, wenn die Auswahlunterlagen keine Gewähr dafür bieten, daß die in ihnen verzeichneten Einheiten gattungsgleich sind oder wenn deren Gesamtzahl nicht ausreicht, den Rückschluß nach den Kriterien der Stichprobentheorie zu rechtfertigen (Vgl. hierzu außer dem fundamentalen Schrifttum zur induktiven Statistik insbesondere H. Kellerer (1963) und W. G. Cochran (1972).)
Der Verzicht auf eine Zufallsstichprobe kann auch vom Erkenntnisobjekt her erforderlich sein. Dies ist regelmäßig der Fall, wenn Informationen über räumlich verstreute Wirtschaftssubjekte benötigt werden, um die regionalen Besonderheiten eines Sachverhaltes beurteilen zu können. In der Produktions- und Preisstatistik ist andererseits die sachkundige Auswahl der Teilgesamtheit unverzichtbar, weil die dabei beabsichtigte Beobachtung von Vorgängen nur dann wesentliche Informationen erbringen kann, wenn die Gewähr dafür besteht, daß alle für den Prozeß typischen Ereignisse im Datenmaterial enthalten sind, besonders auch extreme Fälle, und daß die als typisch anerkannten Erscheinungen mit dem Gewicht (mit einer entsprechend großen Anzahl von Fällen) in der Teilgesamtheit vertreten sind, wie dies der Erfahrungswirklichkeit entspricht.
Deutlich auszuschließen aus der Betrachtung repräsentativer Teilerhebungen sind monographische Enqueten. Wissenschaftsgeschichtlich ist zwar die Entwicklung der modernen Repräsentativstatistik auf derartige sozialpolitisch motivierte Teiluntersuchungen zurückzuführen, in denen die beobachteten Sachverhalte durch tabelliertes Zahlenmaterial konkretisiert wurden.

Zu erinnern ist etwa an die Untersuchungen von J. le Play, E. Ducpétiaux und E. Engel über die Konsumtionsverhältnisse von Arbeiterfamilien (1855 1877-79) oder an die Darlegungen von H. Schwabe über „Das Verhältnis von Miethe und Einkommen" (1868). Auch die von Staats wegen veranlaßter Untersuchungen über die Konkurrenzfähigkeit des Handwerks (1930) und über die Funktionsfähigkeit des Kreditwesens (Bankenenqueten von 1908 sowie 1928–30 und 1933–34) sind hier zu nennen: Als zahlengestützte sozioökonomische Sachberichte waren sie höchst informativ; jedoch handelte es sich nicht um statistische Repräsentativerhebungen.

Denn bereits 1895 ist aufgrund eines Referats von A. N. Kiaer vor dem Internationalen Statistischen Institut eindeutig geklärt worden, daß der Repräsentationsgrad einer Teilerhebung davon abhängt, wie ihr Erhebungsrahmen festgelegt wird. Dem wird bei Enqueten keine Aufmerksamkeit gewidmet.

Des weiteren muß die „Auswahl aufs Geratewohl" (d. h. eine logisch und technisch willkürliche Erfassung der Erhebungseinheiten) als ungeeignetes Auswahlverfahren ausgeschlossen werden. Nur wenn der Träger der statistischen Erhebung die Erfassung der Teilmenge von Erhebungseinheiten so plant, wie das inhaltlich nach dem Konzept und operational nach dem Erhebungsprogramm erforderlich ist, können repräsentative Statistiken zustandekommen.

Diese Forderung läßt sich bei drei unterschiedlichen Auswahlverfahren realisieren:

Die „bewußte" bzw. „gezielte" (nicht auf dem Zufallsprinzip beruhende) Auswahl von Teilgesamtheiten erfolgt nach dem		
Quotaverfahren	Konzentrationsprinzip (cut-off-Verfahren)	Typischen Auswahlverfahren (purposive sampling)

(1) Teilerhebungen nach dem Quota-Prinzip

Eine Auswahl der Teilgesamtheit nach dem Quotaverfahren gilt als besonders durchsichtig. Argumentiert wird unter der Annahme, daß sich einzelne statistisch „identifizierte" Gruppen von Erhebungselementen bezüglich des zu erfragenden Sachverhalts (statistisch also hinsichtlich der Prädikatsmerkmale) voneinander unterscheiden. Der Anteil dieser Gruppen an der (reduzierten) Erhebungsgesamtheit soll genau den Quoten entsprechen, die nach den Ergebnissen der letzten Totalzählung in der Grundgesamtheit für sie ermittelt worden sind. Die Vollerhebung darf deshalb zeitlich nicht zu lange zurückliegen, da sich sonst die Quoten bis zum Termin der Teilerhebung verändert haben könnten.

Nicht immer fällt die Entscheidung leicht, nach welchen Merkmalen quotiert werden soll. Möglichst sollen die Merkmale mit den zu erfragenden Tatbeständen korrelieren; jedenfalls müssen die Quotenmerkmale im Fragenprogramm der amtlichen Vollerhebung enthalten sein, weil sonst die Vorinformation fehlt.

Demonstrationsbeispiel für die Anlage eines Quotaverfahrens:
Für eine demoskopische Umfrage würde die Auswahl so zu treffen sein, daß zumindest für solche Bevölkerungsteile eine „Repräsentanz" zu erwarten wäre, die folgenden Kombinationen von Merkmalsausprägungen entsprechen:

Übersicht 2: Quotaverfahren – Beispiel für eine Quotierung

Merkmal	Merkmalsausprägungen	Anzahl von möglichen Kombinationen
Geschlecht	männlich/weiblich	2 ⎫
Konfession	evangelisch katholisch/sonstige	3 ⎬ 6 ⎫
Altersgruppen	unter 30 / 30 – 45 / 45 – 65 / über 65	4 ⎬ 24 ⎫
Soziale Stellung	Selbständige / Beamte und Angestellte / Arbeiter / Rentner und sonstige selbständige Berufslose / Angehörige	5 ⎬ 120 ⎫
Regionale Verteilung nach dem 1. Wohnsitz	Bundesländer (ohne Hauptstadt) 12 Stadtstaaten resp. Landeshauptstädte	21 ⎬ 2520

Um einen repräsentativen Querschnitt für die Bevölkerung darzustellen, müßte in der Teilmasse jede dieser 2520 Gruppen mit mehreren Personen in dem Maße vertreten sein, das ihrem Anteil an der Bevölkerung entspricht.

Das Beispiel verdeutlicht die Vorzüge des Quotaverfahrens, zugleich auch seine Schwächen: Wenn die Quotierungsmerkmale eindeutig mit den zu erfragenden zusammenhängen – wie etwa Untersuchungen demoskopischen Inhalts mit dem demographischen Merkmalskatalog des vorstehenden Beispiels – so bietet das Auswahlverfahren die Möglichkeit, die Interviewpartner innerhalb der Merkmalsgruppe frei zu wählen. Dies bringt Vorteile für Erhebungstechnik und -kosten mit sich. Andererseits kann die Freiheit einer subjektiven Auswahl der Berichtspersonen zu verzerrten Ergebnissen führen (Weiterleitung des Interviewers innerhalb eines Vereins, einer politischen Partei u. ä.). Noch bedenklicher ist das Quotaverfahren bei schwacher oder fehlender Korrelation zwischen Auswahl- und Aussagemerkmalen; so etwa, wenn eine demographisch definierte Teilgesamtheit für eine Untersuchung der Werbewirkung von Zeitungsannoncen für Kraftfahrzeuge dienen sollte.

(2) Teilerhebungen nach dem Konzentrationsprinzip (cut-off)
Die Festlegung einer Teilgesamtheit nach dem Konzentrationsprinzip zielt darauf ab, diejenigen Erhebungseinheiten von der Gesamtheit

„abzuschneiden", deren Angaben, im Vergleich zu bedeutenderen Einheiten, relativ wenig Information zur Beurteilung des Tatbestandes beitragen. Mit dem cut-off soll die Anzahl der Berichtseinheiten beträchtlich reduziert werden, ohne daß die ermittelten Zahlenwerte eine erhebliche Minderung der Gesamtbeträge ausmachten.
Für diese pragmatische Lösung des Auswahlverfahrens spricht außer der Kostenersparnis auch der zeitliche Rationalisierungseffekt. Die „Konzentration" bei der monatlichen Berichterstattung der amtlichen Statistik der BRD muß sich über die Anzahl der Zählpapiere im Postdurchgang sowie in der technischen Aufbereitung und Kontrolle beachtlich auf den Arbeitsanfall auswirken:

Nach dem Stande von 1970 wurden zur monatlichen Industrieberichterstattung 56% aller (100 390) Betriebe befragt, womit 98% der Belegschafts- und Umsatzzahlen abgedeckt waren. Im Baugewerbe erbrachten 25% aller 17 500 Betriebe 80% der Beschäftigten- und Umsatzsummen. Die Bankenstatistik entläßt 3 122 von 6 935 Kreditinstituten mit niedrigen Bilanzsummen aus den monatlichen Bilanzstatistiken, ohne die gesamte Bilanzsumme um mehr als 1 Prozent zu mindern.

Die Effizienz dieses Auswahlverfahrens scheint damit belegt zu sein. Methodische Bedenken könnten sich allerdings insoweit erheben, als anzunehmen ist, daß sich die ausgewiesene Untererfassung nicht gleichmäßig über alle Betriebsgrößen und fachliche Unternehmensarten verteilt. Falls die Merkmalsausprägungen für einzelne Tatbestände nicht einheitlich bei allen Wirtschaftssubjekten auf wirtschaftliche Wechsellagen reagieren, so könnte der insgesamt zutreffend ermittelte Repräsentationsgrad bei einzelnen Gruppen von Berichteinheiten stark streuen.
Solchen verdeckten Abweichungen im Repräsentationsgrad der verschiedenen Merkmale kommt dann Bedeutung zu, wenn die repräsentativ gewonnenen Zahlen dazu verwendet werden, die Ausgangszahlen einer Vollerhebung fortzuschreiben. Dies kann auf verschiedene Weise geschehen, nämlich mittels einfacher Zuschlagsrechnung gemäß der vorher ermittelten Untererfassungsquote oder auch mittels Regressionsschätzung. Die Gefahr einer Verzerrung ist besonders dann kaum abzuschätzen, wenn der Kreis der Berichtseinheiten über längere Zeit hinweg unverändert bleibt. Da nicht auszuschließen ist, daß sich die konjunkturellen Schwankungen in den Zahlen zur ökonomischen Aktivität im Bereich der nahe am Schwellenwert liegenden Betriebe anders auswirken als im cut-off-Bereich, kann die Berechnung durchlaufender Reihen für die Grundgesamtheit auch bei einem

hohen Repräsentationsgrad des Konzentrationsbereiches ein falsches Bild abgeben.

Dieser Störung soll prinzipiell dadurch abgeholfen werden, daß in regelmäßigen Abständen mittels Totalerhebung neue Auswahlgrundlagen erstellt werden; anschließend soll der Kreis der Berichtspflichtigen auf jene Einheiten ausgedehnt werden, die neuerlich die Abschneidegrenze überschritten haben, während etwaige Absteiger aus der Meldepflicht entlassen werden.

Nun besteht wenig Grund für die Annahme eines Ausgleichs zwischen der Anzahl von Neuaufnahmen und Abgängen in der Zahl der Berichtseinheiten. Noch weniger plausibel erscheint die Annahme, daß sich die Zahlen über wirtschaftliche Aktivitäten (Auftragseingang, Umsatz, Lohnsummen, Arbeitsstunden, Beschäftigtenzahlen usw.) für die aus der Berichtspflicht entlassenen ebenso darstellen wie für die neu verpflichteten Betriebe. Daraus ist zu folgern, daß der zwischenzeitliche Vergleich wiederum beeinträchtigt werden könnte, und zwar gerade durch die technische Anpassungskorrektur.

Der somit entstehende „Berichtssprung" läßt sich nach folgenden Überlegungen methodisch ausgleichen:

Demonstrationsbeispiel für den pragmatischen Ausgleich des Berichtssprungs im cut-off-Verfahren:

Der „Berichtskreis" nach dem Konzentrationsprinzip

Diagr. 2: Cut-off-Verfahren – Veränderung des Berichtskreises

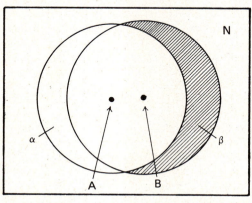

A = 20.000   α = 1.000
B = 21.000   β = 2.000

Legende: zu Diagramm 2

Aus der in einer Totalerhebung im Juni 1970 erfaßten Anzahl von 70 000 Betrieben eines Wirtschaftszweiges W, werden $n_A = 20\,000$ im cut-off-Verfahren zur monatlichen Berichterstattung verpflichtet (Berichtskreis A).

Die Meldepflicht erstreckt sich auf Beschäftigtenzahlen, Umsätze, Arbeitsstunden u. a. m. Für das letztgenannte Merkmal deckt der Berichtskreis A genau 95 % der in der Totalerhebung ermittelten Zahl.

Ende Juni 1971 wird in einer neuen Totalerhebung ersichtlich, daß der Kreis der Berichtspflichtigen neu festgelegt werden muß:

Aus Berichtskreis A scheiden aus $\alpha = 1\,000$ Berichtsbetriebe, sei es wegen Unterschreitung der cut-off-Schwelle oder zufolge Konkurs, Abwanderung u. ä.

Es verbleiben also: $A - \alpha = 19\,000$ Berichtsbetriebe. Zum neuen Berichtskreis B gehören außerdem $\beta = 2\,000$ Betriebe, die als Aufsteiger (bisherige Kleinstbetriebe) oder als neu eröffnete Betriebe oberhalb der cut-off-Schwelle liegen.

Somit beläuft sich die Anzahl n_B des neuen Berichtskreises auf
$n_B = n_A - \alpha + \beta = 21\,000$ Betriebe.

Ausgleich des Berichtssprungs

Falls der Berichtssprung vernachlässigbar klein ist, kann mit den bisher verwendeten Fortschreibungszahlen weitergearbeitet werden. Andernfalls muß die Differenz auch bei der Hochrechnung der B-Zahlen (auf die Arbeitsstunden des Wirtschaftszweiges) berücksichtigt werden. Dies erfolgt in zwei Schritten:

1. Schritt: Aufteilung der Differenz in den für A vorliegenden Zahlen auf Juli-Oktober, entsprechend den Veränderungsraten dieser Monate
2. Schritt: **Korrektur der Zuschlagsbeträge proportional zu der Berichtigung zwischen A- und B-Zahlen**

Diese mechanische Korrektur erscheint so lange unbedenklich, als die Entwicklungstendenzen bei Berichtspflichtigen und Abgeschnittenen für alle Merkmale gleichgerichtet und gleich stark sind. Dies ist bei starkem wirtschaftlichen Wachstum und Vollbeschäftigung eine vernünftige Arbeitshypothese. Ob im Falle rezessiver Wirtschaftslage nicht zu einer zusätzlichen Stichprobenerhebung im Bereich der abgeschnittenen Betriebe übergegangen werden muß, wird die Erfahrung lehren.

Diagr. 3: Cut-off-Verfahren – Berichtssprung

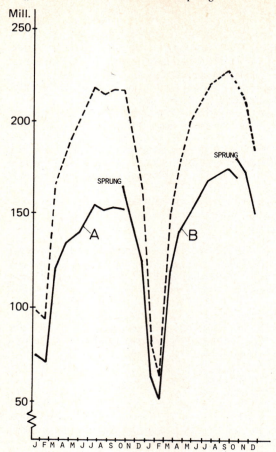

A = alter Berichtskreis
B = neuer Berichtskreis
—— Betriebe mit 20 und mehr Beschäftigten (Monatsbericht)
-- Alle Betriebsgrößenklassen (durchlaufende Reihe)

Quelle: Handwörterbuch der Sozialwissenschaften Bd. 1, S. 649

Der für Juni ermittelte Wechsel im Berichtskreis wird im Oktober ersichtlich: Für beide Berichtskreise gehen Zahlen ein. Die Meldungen für B liegen höher als die für A.

(3) Teilerhebungen nach der typischen Methode

Teilerhebungen nach der typischen Methode (purposive sampling) beruhen logisch auf dem gleichen Prinzip wie die Zufallsstichproben (random sampling), nämlich auf dem Induktionsschluß vom (beobachteten) Teilausschnitt auf das (unbekannte) Ganze. Der wesentliche Unterschied beruht darin, daß nur bei einem zufallsgesteuerten Auswahlverfahren die statistischen Instrumente der Fehlerschätzung angewandt werden können.

Eine ausschließlich auf Sachkenntnis gestützte Auswahl der Erhebungseinheiten setzt voraus, daß der jeweilige Träger der Statistik aus früheren Totalerhebungen über eingehende Kenntnisse der möglichen Variabilität seines Erkenntnisobjektes verfügt. Zwar werden keine „Quoten" für einzelne Gruppen benötigt; aber es sollte möglich sein, die Verteilung aller Fälle über das Spektrum möglicher Merkmalsausprägungen abzuschätzen, damit auch extreme Fälle in die Untersuchung einbezogen werden. In aller Regel erfolgt bei der Planung nach der typischen Methode keine Fixierung des Umfangs der Teilerhebung, sondern lediglich die Festlegung der Auswahlkriterien. Die Anzahl der zu erfassenden Erhebungseinheiten (und damit die Auswahlchance der einzelnen Merkmalsträger) ergibt sich empirisch: es werden keine zusätzlichen Befragungen mehr eingeleitet, wenn zu vermuten ist, daß auch mit einer weiteren Ausdehnung der Erhebung keine besseren Einsichten zu gewinnen wären.

Zweifellos gibt es sozioökonomische Tatbestände, über die anders als nach der typischen Methode keine statistischen Informationen einzuholen sind. Diese Situation ist immer dann gegeben, wenn keine vorhergehenden Totalerhebungen verfügbar sind, so daß die Auswahlunterlagen fehlen, die für die anderen nicht zufallsgesteuerten Verfahren ebenso benötigt werden wie für eine Stichprobenerhebung.

Auch gibt es Aufgaben, für deren Lösung Zahleninformationen benötigt werden, ohne daß eine Totalerhebung vom Aufwand her zu rechtfertigen wäre.

So ist in der BRD ein Indikator gesucht worden, anhand dessen sich über die Frage der Auflassung oder Subventionierung von Nebenbahnen im Schienenverkehr urteilen ließe. Da keine Voruntersuchung vorlag, war eine Auswahl unter den rund 3 000 verschiedenen Nebenstrecken zu treffen. Mit Rücksicht auf die Kosten sollten nicht mehr als 60 Nebenbahnen in die betriebswirtschaftliche Untersuchung einbezogen werden. Um die unterschiedliche regional-wirtschaftliche Bedeutung der Bahnstrecken zu berücksichtigen, wurde als typisierendes Auswahlkriterium die verkehrswirtschaftliche Funktion herangezogen: alle Funktionstypen (Bergbahnen und Fremdenverkehrszubringer, Massentransportstrecken in Entwicklungsregionen, Werks- und Hafenbahnen usw.) mußten mit maßgeblichen Varianten nach der Unternehmensform, nach technischen und geographischen Unterschieden der Betriebsform usw. mit einer ausreichenden Zahl von Fällen in dieser verkehrsstatistischen Untersuchung repräsentiert sein. Das wäre mit einer Zufallsstichprobe nicht zu bewerkstelligen gewesen.

Sicher ist einzuräumen, daß ein ausschließlich auf Sachkunde abgestelltes Auswahlverfahren die Gefahr in sich birgt, daß womöglich nicht mehr an Information gewonnen wird als eine zahlenmäßige Bestätigung des vom Sachverständigen erwarteten Befundes; auch ist nicht immer zu verhindern, daß sich ein Vorurteil im Ergebnis niederschlägt. Dennoch hat sich die typische Methode gut bewährt und ist besonders bei Pilot Studies häufig unentbehrlich. International werden Preis- und Produktionsstatistiken, Einkommens- und Verbrauchserhebungen nach diesem Auswahlverfahren veranstaltet.

Ein Beispiel aus der amtlichen Statistik der BRD mag das methodische Vorgehen verdeutlichen [4]):

Der Erhebungsrahmen der amtlichen Preisstatistik sieht vor, daß für rund 7 000 Waren und Leistungen monatlich je 140 000 Preisermittlungen vorzunehmen sind. Die typisierende Auswahl wird nach folgenden Überlegungen vorgenommen:

(a) Unterscheidung der Preise nach Art des Kaufvertrags:
Festpreise (resultierend aus staatlichen Verordnungen sowie aus Preisregulierung oder Vertrag auf organisierten Märkten) sind nicht Gegenstand besonderer Erhebung. Sie können, soweit benötigt, aus Preis- bzw. Tariflisten entnommen werden.
Zu erfassen sind demgegenüber Wettbewerbspreise, und zwar nach Vermarktungsstufen (Erzeuger, Groß- und Einzelhändler, Letztnachfrage). Festzulegen ist weiter, ob der Erhebungsschnitt von der Lieferantenseite her oder vom Abnehmer aus erfolgen soll, und ob ein Durchschnittspreis, der häufigste, ein Höchst- oder Mindestpreis erfaßt werden soll.

(b) Aufstellung des preisstatistischen Katalogs:
Die Wettbewerbspreise gelten für Güter und Dienstleistungen unterschiedlicher Mengen und Qualitäten. Deshalb müssen die Waren und Leistungsgattungen exakt nach Sorten und Qualitätsstandards definiert werden; auch

---

[4]) Weitere Beispiele für die Anwendung der typischen Auswahlmethode bei amtlichen Teilerhebungen der BRD sind (laut „das arbeitsgebiet..."):
  (1) Produktions-Eilbericht für Industrieerzeugnisse
  (2) Saatenstands- und Ernteberichterstattung und Mengenschätzung
  (3) Arbeiterverdienststatistik
  (4) Wirtschaftsrechnungen
  (5) Einkommens- und Verbrauchsstichproben

eine Charakterisierung nach handelsüblichen Mengenbezeichnungen ist erforderlich, falls zu befürchten ist, daß die notierten Preise durch verborgene Qualitätsveränderungen bei wechselnden Mengenbezeichnungen dem Identitätsprinzip nicht gerecht werden.

(c) Definition des Berichtskreises für Wettbewerbspreise der im Katalog aufgeführten Waren und Leistungen:
Der Marktort ist sachgerecht festzulegen durch Ermittlung der Preise „ab Hof", „frei Station" usw., wie auch durch Festlegung mehrerer regionaler und lokaler Schnittstellen im Falle regional unterschiedlicher Abnehmerpreise: Handelsübliche Preisstellung bei Fachhandel, Warenhaus oder Supermarkt, in Groß-, Mittel- und Kleinstädten, im Versandhandel usw.

(4) Synopsis der Teilerhebungen mit gezielter Auswahl

Die verschiedenen Verfahren zur bewußten Auswahl der Teilgesamtheit für eine Repräsentativstatistik haben sämtlich der Zufallsstichprobe voraus, daß sie weniger Planungsarbeit und -kosten verursachen. Dies wird mit dem Nachteil erkauft, daß weder Genauigkeit noch Sicherheit der Ergebnisse nachprüfbar sind. Andererseits bereitet es meist keine Schwierigkeiten, regionale oder fachliche Ausschnitte aus der Teilerhebung herauszulösen und deren Ergebnisse zu interpretieren. Die Nachteile der einzelnen Verfahren entsprechen ihren relativen Vorzügen:

Beim Quotaverfahren ist (vorausgesetzt, daß die einzelnen Gruppen dem Quotenschema entsprechend erfaßt und daß richtige Angaben gemacht werden) die Qualität der Erhebung davon abhängig, wie stark die erfragten Tatbestände mit den zur Quotenbildung verwendeten Quoten korrelieren.

Das cut-off-Verfahren ist höchst effizient, solange nicht zufolge struktureller Veränderungen der Berichtssprung zwischen zwei Berichtskreisen zu verzerrten Ergebnissen führt.

Die typische Methode ist bei interessenneutraler Festlegung der Auswahlkriterien insoweit zu bevorzugen, als sie geringen Planungsaufwand verursacht. Überdies kann die bei der Auswahl waltende Sachkenntnis auch für die Befragung wie für die Interpretation der Ergebnisse genutzt werden.

231.4. *Repräsentative Teilerhebungen auf Stichprobenbasis*

Seit den zwanziger Jahren sind Versuche unternommen worden, das Zufallsprinzip, das sich bei naturwissenschaftlichen Aufgaben hervorragend bewährt hatte, auf die Auswahl von Teilgesamtheiten für sozioökonomische Untersuchungen anzuwenden [5]). Bei dieser „uneingeschränkten" Zufallsstichprobe muß erreicht werden, daß alle Auswahleinheiten die gleiche, nach den Regeln der Kombinatorik berechenbare und von Null verschiedene Wahrscheinlichkeit erhalten, in die Stichprobe einbezogen zu werden. Denn nur unter diesen Bedingungen gelten uneingeschränkt die Sätze der Stichprobentheorie, mit deren Hilfe Sicherheit und Genauigkeit des Rückschlusses bestimmt werden können.

Einer Übertragung der Modellvorstellungen von „Urnen", aus denen die Elemente durch einen Zufallsmechanismus ausgewählt und zählend oder messend beobachtet würden, auf die Planung wirtschaftsstatistischer Erhebungen stehen technische und logische Schwierigkeiten entgegen. Dennoch werden in jüngerer Zeit auch bei den sehr komplexen Fragestellungen der amtlichen Statistik Teilerhebungen auf Stichprobenbasis weitgehend bevorzugt, weil es gelungen ist, mit besonderen Auswahltechniken und -verfahren eine systematische Planung von Stichprobenerhebungen durchzuführen.

(1) Auswahltechniken für komplexe Fragestellungen

Bei wirtschaftsstatistischen Gesamtheiten wird der Zufallsprozeß überhaupt nur möglich, wenn mittels eines Kunstgriffs die Auswahleinheiten „greifbar" werden, weil ja Erhebungs-, Berichts- und Zähleinheit kaum je identisch sind (vgl. Kapitel 223). Dieser Trick besteht darin, die Zähleinheiten durch Ziffern oder andere Kennzeichen identifizierbar zu machen, um damit die Voraussetzung für eine Auslosung zu schaffen. Vorhandene Karteiblätter können über das Alphabet (Namensanfang), Geburtszahlen (12.12.[19]12) oder über mehrstellige Kennziffern auslosbar gemacht werden. Danach werden folgende Auswahltechniken unterschieden: Siehe Übersicht 3.

(2) Planung von Stichproben bei komplexen Fragestellungen

Mit uneingeschränkten Stichproben lassen sich Informationen sowohl für die dichotome Fragestellung finden (gut/schlecht; ja/nein), als auch für den Vergleich von Meßwerten. Derartige Anwendungsfälle sind im Bereich der Wirtschafts- und Sozialstatistik durchaus denkbar, so etwa, wenn der Anteil von Vorkriegsgebäuden in Großstädten, die Kraftfahrzeugdichte an Verkehrsknotenpunkten oder ähnliche Parameter über eine Teilerhebung geschätzt werden sollen.

---

[5]) Die wahrscheinlichkeitstheoretischen Prämissen und Folgerungen aus dem „Zufallsprinzip" werden hier als bekannt vorausgesetzt. Stellvertretend für die Fülle einschlägiger Literatur wird hier auf T. Yamane (1970), W. A. Wallis und H. V. Roberts (1960) und E. Schaich u. a. (1975) verwiesen.

Übersicht 3: Auswahltechniken für Zufallsstichproben*)

Einfache (echte) Zufallsauswahl			Ersatzverfahren zur Zufallsauswahl			
Auslosen mittels		Auswahl aufgrund der „auf Vorrat" erstellten Zufallszahlen in Zufallstafeln usw.	Systematische Zufallsauswahl		„visuelle" Zufallsauswahl	
Losröllchen	Dezimalwürfel		Berechneter Auswahlabstand in Listen oder Karteien nach der Auswahlwahrscheinlichkeit (mit Zufallsstart)	Auswahl nach 3 oder 4 letzten Stellen der Identifikationsziffer mit Zufallsstart	Auswahl nach dem Namensanfang	Auswahl nach ausgelosten Geburtsdaten

*) Selbst bei einer sehr großen Grundgesamtheit lassen sich diese Techniken dadurch realisieren, daß die Einheiten durch vielstellige Identifikations-Kennziffern markiert werden, zumal, wenn EDV-Geräte zur Simulation eines für das „Würfeln" benötigten Polyeders oder entsprechender Walzen eingesetzt werden. Das gilt uneingeschränkt für die Ersatzverfahren.

Auf jeden Fall ist das Modell der uneingeschränkten Zufallsauslese für sehr viele betriebsstatistische Erhebungen anwendbar.

Die Mehrzahl der wirtschaftsstatistischen Repräsentativerhebungen deckt aber ein breiter angelegtes Fragenprogramm ab. Dann ist es von vornherein klar, daß sich für jede einzelne Merkmalsausprägung verschiedene Verteilungen der Häufigkeiten ergeben müssen. Da für alle einzelnen Merkmale hinreichend zuverlässige Stichprobenergebnisse gesucht werden, folgt zwangsläufig aus dem Erhebungskonzept, daß ein komplexes Stichprobenprogramm entwickelt werden muß; das kann mit der Aufstellung eines „systematischen Stichprobenplanes" beginnen. Das logische System solcher Pläne ist auf die Güte des Repräsentationsschlusses gerichtet, d.h. auf möglichst hohe Genauigkeit und Sicherheit der einzelnen Stichprobenergebnisse.

Ohne im Zusammenhang mit der Bestimmung des Erhebungsumfanges in die Erörterung der Stichprobentheorie eintreten zu müssen, sollten an dieser Stelle einige Bemerkungen zu diesen Güteanforderungen eingefügt werden: Es besteht ein berechenbarer Zusammenhang zwischen Stichprobenumfang und den durch ihn verursachten variablen Kosten einerseits, sowie dem sog. Stichprobenfehler andererseits. Dieser ergibt sich aus der Streuung (σ^2) der betreffenden Merkmalsausprägung der Grundgesamtheit und zwei frei wählbaren

Komponenten, dem Sicherheitsgrad „t" und der geforderten Genauigkeit „e"; diese wird als höchst zulässige Abweichung zwischen dem aus einer einzelnen Stichprobe ermittelten Anteils- oder Mittelwert und dem zu repräsentierenden Parameter der Grundgesamtheit definiert. Der Zusammenhang der Gütekriterien läßt sich anhand eines Zahlenbeispiels schematisch aufzeigen.

Übersicht 4: Schematische Darstellung des Zusammenhangs zwischen Ergebnisgenauigkeit, Sicherheitsgrad und Stichprobenumfang bei konstanter Varianz in der Grundgesamtheit $\sigma^2 = 100$

Anforderung	Genauigkeit		Sicherheit		Stichprobenumfang
	Zugelassene Differenzen (error)		in v. H.	t	$\dfrac{t^2 \cdot \sigma^2}{e^2} = n$
	$(\mu - \bar{x})$ oder $(\Pi - p)$	e absolut			
Ausgangswerte	½ Einheit	0,5	95,5	2	$\dfrac{2^2 \cdot 100}{0,5^2} = 1600$
Ergebnis genauer bei gleicher Sicherheit	¼ Einheit	0,25	95,5	2	$\dfrac{2^2 \cdot 100}{0,25^2} = 6400$
Fehlerrisiko eingeschränkt bei ursprünglicher Genauigkeit	½ Einheit	0,5	99,7	3	$\dfrac{3^2 \cdot 100}{0,5^2} = 3600$
Sicherheit und Genauigkeit gesteigert	¼ Einheit	0,25	99,7	3	$\dfrac{3^2 \cdot 100}{0,25^2} = 14400$

Selbst wenn nur eine Merkmalskombination in Frage steht, muß demnach der Stichprobenumfang mehr als verdoppelt werden, um das Sicherheitsniveau von 95,5 auf 99,7 % anzuheben. Soll doppelte Genauigkeit erreicht werden, so ist der Stichprobenumfang auf das Vierfache zu erhöhen!

Bei der Aufstellung systematischer Stichprobenpläne geht es jedoch nicht ausschließlich – wie bei den Auswahltechniken – um eine Rationalisierung des Vorgehens, sondern um die Optimierung der Güteanforderungen, auch für den Befund über seltene Ereignisse, vornehmlich im Blick auf die mit dem Stichprobenumfang variierenden Erhebungskosten.

(3) Teilerhebungen mit systematisch geplanten Stichproben
Die mit einem Stichprobenplan angestrebte Steigerung der Effizienz kann mittels verschiedenartiger Planungsgrundsätze erreicht werden: Dabei ist, abgesehen von den generellen Anforderungen der Stich-

probentheorie, das für die jeweilige Teilerhebung maßgebliche Konzept zu berücksichtigen.
Theoretisch sind drei verschiedene Planungsansätze entwickelt worden (Übersicht 5), die in der statistischen Praxis häufig miteinander kombiniert werden:

Übersicht 5: Planungsprinzipien systematischer Stichproben zum Zwecke einer gesteuerten Zufallsauslese

Charakteristik	Schichtenbildung		Klumpenbildung			Phasenaufteilung	
Erscheinungsformen	Schichtung i. e. S.	Anordnung (unechte Schichtung)	Klumpen i. e. S.		Flächenstichprobe	Mehrstufige Auswahl	Ineinandergreifende Zufallsstichproben
			natürliche	künstliche			
Grundidee	Zerlegung der Auswahlgesamtheit in homogene Gruppen, um bei der Zufallsauswahl von Stichprobeneinheiten aus diesen „Schichten" extreme Stichprobenergebnisse zu vermeiden		Zerlegung der Auswahlgesamtheit in heterogene Teilgesamtheiten. Diese Bündel verschiedenartiger Merkmalsträger gelten als Auswahleinheiten			Vertikale Folge von Auswahlvorgängen zur Gewinnung immer „höher" gestufter Auswahlgrundlagen	Horizontale Zerlegung von mehrstufig ermittelten Auswahlgesamtheiten vor Beginn der Zufallsauslese

Die theoretischen Erörterungen, die den „höheren" Stichprobenverfahren zugrundeliegen und nach denen die einzelnen Verfahren in einer hierarchischen Stufenfolge darzustellen wären, sind weder bei der vorstehenden Synopsis noch im folgenden Text Gegenstand des Interesses (vgl. dazu E. Schaich (1975) und das dort aufgeführte Schrifttum). Auch die formalen Implikationen, die sich bei der Hochrechnung von Stichprobenergebnissen über komplexe wirtschaftsstatistische Fragestellungen ergeben, werden nicht hier, sondern im Zusammenhang mit dem Problem der Fehlertoleranz behandelt. Hier geht es lediglich darum, auf die technischen Möglichkeiten einer Anpassung des Tabellenprogramms mittels Stichprobenplanung hinzuweisen.

Geschichtete Stichproben
Mittels einer Schichtung soll die Güte der Stichproben bei gleichem Umfang verbessert werden. Das läßt sich erreichen, weil der „Stichprobenfehler" reduziert wird, wenn extrem ungünstige Stichproben nicht zustandekommen können. Das sei an einem Beispiel demon-

striert, bei dem eine „proportionale" Auswahl aus beiden Schichten vorgesehen ist.

Übersicht 6: Beispiel für die Genauigkeitsverbesserung im Falle einer Schichtung (Schichtungseffekt)

N = 6 Kugeln mit den Merkmalswerten für den Schichtungseffekt	Stichproben zu $n = 2$ könnten ergeben	das wäre im Vergleich zu μ
$x_1 = 3$ $x_2 = 6$ $x_3 = 9$ $x_4 = 18$ $x_5 = 22$ $x_6 = 26$ $\mu = 84 : 6 = 14$	$\bar{x}_1 = \dfrac{3 + 6}{2} = 4{,}5$ $\bar{x}_{15} = \dfrac{22 + 26}{2} = 24$	um 68% zu niedrig um 71% zu hoch

Im Falle einer Schichtung nach dem Kriterium einstellige / zweistellige Zahlen reduziert sich bei diesem Stichprobenplan die Anzahl möglicher Stichproben von 15 auf 9: Aus sämtlichen $\binom{N}{n}$ möglichen Stichproben wäre der ungünstigste Fall: $\bar{x}_u = (3 + 18)/2 = 10{,}5$ (um 25 % zu niedrig) – der höchstmögliche Fall: $\bar{x}_h = (9 + 26)/2 = 17{,}5$ (um 25 % zu hoch). Vermutlich würde aber eine der 7 nicht extrem ungünstigen Kombinationen gezogen werden, womit der Stichprobenmittelwert $\bar{x}$ noch näher an μ heranrücken würde. Der Schichtungseffekt ist offensichtlich: Bei gleichem Stichprobenumfang kann „e" allenfalls $\pm 3{,}5$ (statt 9,5 bzw. 10) betragen!

Dieser Effekt kann gesteigert werden, wenn anstelle der proportionalen eine optimale Schichtung vorgenommen wird. Zu diesem Zweck müssen die unterschiedlichen Streuungen innerhalb der Schichten berücksichtigt werden. Im Falle einer vollständig homogenen Schicht ($\sigma^2_{\bar{x}} = O$) wäre diese, unabhängig von der in ihr enthaltenen Anzahl von Elementen, durch eine Einheit hinreichend repräsentiert. Bei unverändertem Stichprobenumfang würde das die Möglichkeit eröffnen, aus schwach besetzten oder weniger homogenen Schichten eine größere Anzahl von Elementen in die Stichprobe einzubeziehen und auf diese Weise die Sicherheit und/oder die Genauigkeit der Aussage zu verbessern. Andererseits wäre aus unterschiedlichen Streuungsverhältnissen innerhalb der Schichten ein Optimum zu konstruieren.

Eine „Anordnung" der Auswahleinheiten führt indirekt über die Homogenisierung der Auswahlgrundlagen zu einem Schichtungseffekt. Hierzu müssen vor Beginn des Auswahlvorgangs alle Einheiten nach einem Merkmal geordnet werden, das mit dem Untersuchungsmerkmal zusammenhängt. Sofern die Technik einer systematischen Zufallsauslese angewandt wird, ist auf diese Weise zu verhindern, daß extrem ungünstige Stichprobenergebnisse anfallen. Freilich ist der Effekt der Anordnung auf die Herabsetzung des Stichprobenfehlers, im Gegensatz zum Schichtungseffekt, nicht meßbar.

Klumpenstichprobe

Das Prinzip der „Klumpenbildung" zielt darauf ab, eine organisatorische Verbesserung des Erhebungsvorgangs zu erreichen und damit Erhebungs- und Aufbereitungskosten zu senken. Das Verfahren ist dem Gedanken der Schichtung entgegengerichtet: Es wird versucht, die Grundgesamtheit in möglichst heterogene Bündel von Erhebungseinheiten zu gliedern. Diese Bündel werden dann in der Erscheinungsform von künstlichen „clusters" (je 100 Karteikarten aus einer Kartothek) oder natürlichen Klumpen (Schulklassen, Häuserblocks usw.) zur Auswahleinheit.

Der Zufallsauslese unterliegen die Klumpen; die in ihnen enthaltenen Stichprobeneinheiten sind also Merkmale der Auswahleinheiten. Jeder Klumpen muß deshalb voll ausgezählt werden. Den Anforderungen der Wahrscheinlichkeitstheorie ist genügt, wenn jede Untersuchungseinheit irgendeinem Klumpen (und nur diesem) angehört und wenn jeder Klumpen die gleiche Chance hat, ausgewählt zu werden.

Ein „Klumpeneffekt", nämlich eine Minderung des Genauigkeitsgrades der Stichprobenergebnisse, ist zu befürchten, wenn die zu Klumpen gebündelten Einheiten der Stichproben untereinander mehr Homogenität haben als die der Grundgesamtheit.

Besonders effektiv wird das Prinzip der Klumpenstichprobe bei einer regionalen Bündelung der Stichprobeneinheiten mittels einer Flächenstichprobe, weil hierbei die an Ort und Stelle durchzuführenden Befragungen und Zählungen erhebliche Zeit- und Kostenersparnisse ermöglichen. Außerdem bietet die Einteilung der Gesamtfläche in Flächeneinheiten den Vorteil, daß zumindest für diese Zählregionen die Stichprobenergebnisse mit den Zahlen der Vollerhebung unmittelbar vergleichbar sind.

Mehrphasen-Stichproben

Die Phasenbildung besteht meist darin, daß Schichten- und Klumpenauswahlverfahren stufenförmig hintereinandergeschaltet werden.

Um dem Prinzip der Zufallsstichprobe zu genügen, nach dem die Auswahlwahrscheinlichkeit aller Erhebungseinheiten berechenbar (und größer als Null) sein muß, ist bei mehrstufigen Stichproben die Zerlegung der Gesamtheit besonders sorgfältig zu planen. H. Strecker hat (1971) darauf aufmerksam gemacht, daß hierbei Modelle mit variierender Auswahlwahrscheinlichkeit eine Effizienzverbesserung für die Hochrechnung bringen können.

Zumindest zwei Verfahrensregeln sollten stets beachtet werden: Einmal sollte beim ersten Auswahlvorgang (auf der untersten Stufe) eine uneingeschränkte Zufallsauslese vorgesehen werden. Zum anderen sollten diese Primäreinheiten so abgegrenzt werden, daß sie eine näherungsweise gleiche Anzahl von Auswahleinheiten zweiter Stufe (Sekundäreinheiten) enthalten.

Das gleiche Prinzip ist gültig für die Planung von „Unterstichproben" in einem horizontal mehrphasigen Auswahlverfahren. Derartige „Interpenetrating Samples" werden, wie K. Stange (1971) dargestellt hat, zur Kostenersparnis in der industriellen Qualitätskontrolle bevorzugt, um dabei auch noch Verbesserungen der Genauigkeit zu erzielen.

Stets geht es bei den komplizierten Stichprobenplänen darum, daß die Stichprobenergebnisse auch bei komplexer Fragestellung die bestmögliche Genauigkeit aufweisen und kostenoptimal sind. Auf jeden Fall läßt sich aber mittels der Teilerhebungen auf Stichprobenbasis der Repräsentationsgrad der einzelnen Stichprobenbefunde messen, nicht nur derjenige des Auswahlmerkmals.

232. Erhebungs- und Darstellungsformen

Mit der Festlegung des Erhebungsumfangs ist zwar bestimmt, wie groß die Masse der zu bearbeitenden Zähleinheiten sein wird; dennoch ist noch nicht darüber entschieden, in welcher Weise die Tatbestandsmerkmale kombiniert werden sollen. Diese inhaltliche Anpassung des Erhebungsplanes an das Konzept erfolgt durch die Festlegung des Tabellenprogramms.

Einmal ergibt sich aus den Vorarbeiten für die tabellarische Darstellung des Datenmaterials, inwieweit das Fragenprogramm sachgerecht aufgestellt ist: Denn wenn sich bei der Programmierung herausstellt, daß einzelne Angaben für die konzeptgerechten Aussagetabellen nicht erforderlich oder unergiebig sind, so müssen sie im Fragenschema gestrichen werden. Vor allem wird in dieser Phase der Erhebungsplanung darüber entschieden, aus welchen Merkmalskombinationen die gesuchten Informationen hervorgehen sollen, und damit zugleich, in welcher Form das Erhebungsergebnis dargestellt werden soll.

232.1. *Erhebungstechnik (Formulierung des Fragenprogramms)*

Vor der Gestaltung des Fragenschemas muß darüber entschieden werden, welche Erhebungstechnik angewandt werden soll. Diese ist ebenso von dem zu ermittelnden Tatbestand abhängig, wie von der Auskunftsbereitschaft und -fähigkeit der Berichtseinheiten.
Freilich ist die Befragungstechnik als solche nicht unproblematisch. Im Zusammenhang mit sozioökonomischen Erhebungen sollten nur exakte Angaben über Tatbestände ermittelt werden, sei es durch Ankreuzen eines der sachlich möglichen Antwortfelder oder durch Einsetzen von Zahlen in eine vorgegebene Rubrik. Die in soziologischen und demoskopischen Interviews notwendigen und üblichen „offenen" Fragen sind tunlichst zu vermeiden.

Anstelle der offenen Frage: „In welcher Stellung üben Sie Ihren Beruf aus?" sollten die Kategorien vorgegeben werden:

Übersicht 7: Beispiel für Antwortvorgaben bei geschlossenen Fragen

Selbständige(r) ☐	nämlich: Kaufmann ☐
	Handwerksmeister ☐
	Hotelier ☐
	Klinikchef ☐
	Industrieller ☐
	Landwirt ☐
	Spediteur ☐
	sonst. ☐
Angestellte(r) ☐	nämlich: Tarifgruppe ☐
Beamte(r) ☐	nämlich: Besoldungsgruppe ☐
Arbeiter(in) ☐	nämlich: Facharbeiter ☐
	angelernter Arbeiter ☐
	ungelernter Arbeiter ☐
	Handwerksgeselle ☐
Auszubildende(r) ☐	nämlich: im Handwerk ☐
	im Bankwesen ☐
	in der Industrie ☐
	im Handel ☐
	sonst. ☐

In aller Regel ist die schriftliche Aufzeichnung der Angaben in einem Zählblatt oder Fragebogen erforderlich. Gerade, weil es nicht um Meinungsumfragen geht, sondern um Zahlenangaben oder sonstige Daten, die nicht aus der Erinnerung mitzuteilen sind, sondern aus Rechnungsbelegen, Personalpapieren und ähnlichen Unterlagen, sollte der Zeitaufwand für die Befragten bei der Aufstellung des Fragenschemas beachtet werden.

Die Ausfüllung des Fragenschemas kann bei periodisch wiederkehrenden Erhebungen durch die Befragten selbst erfolgen; besonders für diesen Fall ist gute Verständlichkeit und Lesbarkeit der formulierten Fragen abzusichern, eventuell durch Probeerhebungen. Im Falle automatischer Aufbereitung von Fragebogen ist darauf zu achten, daß drucktechnisch alle Vorkehrungen gegen fälschliche Eintragungen getroffen werden. Bei einmaligem oder schwierig verständlichem Erhebungsprogramm ist es zweckmäßig, die Aufzeichnung durch sachkundige Interviewer oder Zähler auszuführen (oder zumindest zu überprüfen). Auch durch vorgegebene Beispielantworten können Angabefehler häufig vermieden werden.

232.2. Planung der tabellarischen Beschreibung [6])

Bei sozioökonomischen Erhebungen erweist es sich nahezu ausnahmslos als erforderlich, die tabellarische Beschreibung des statistisch zu ermittelnden Tatbestandes eingehend zu planen. Auch hier unterscheiden sich die Vorbereitungen von denen der Experimentalstatistik. Diese kommt zumeist mit einer eindimensionalen Aufgliederung der Gesamtheit auf die in der Vorspalte aufgeführten Merkmalsausprägungen aus. Allenfalls muß eine zweidimensionale Darstellung der Verteilung (Tabellen mit doppeltem Eingang) vorgesehen werden.

Bei wirtschaftsstatistischen Erhebungen überwiegt die Notwendigkeit, die gleichzeitige Aufgliederung der Gesamtheit nach mehreren Dimensionen mittels sog. Tabellen „höherer Ordnung" zu entwerfen. Diese mehrdimensionalen Tabellen müssen so angelegt werden, daß die logisch wichtigste Leitidee in der Vorspalte erscheint. Hierdurch wird die statistische Masse in der Regel in Teilgesamtheiten untergliedert. Diese erfahren durch die in der Kopfleiste enthaltenen Merkmalsausprägungen eine weitere Aufteilung, so daß jede Teilgesamt-

---

[6]) Zur Tabellentechnik vgl. DIN Norm 55301.

heit in den einzelnen Tabellenfeldern durch eine ganz bestimmte Kombination von Merkmalsausprägungen der zugehörigen Elemente definiert ist.

Tab. 1: Charakterisierung mehrdimensionaler Tabellen

Vorspalte: Zerlegung in Teilgesamtheiten nach den Ausprägungen eines Leitmerkmals	Umfang der Teilgesamtheiten			Kopfleiste			
				Weitere Untergliederung der Teilgesamtheiten nach den Ausprägungen eines zweiten Merkmals			
				Ausprägung 1			Ausprägung 2	...
				Umfang der Teilgesamtheit (1)		Weitere Untergliederung der Teilgesamtheiten nach den Ausprägungen eines 3. Merkmals	.....	...
	absolut	in v.H.	absolut	in v.H.	Ausprägung α	Ausprägung β	...		
Ausprägung A Ausprägung B . .								

Von der Art des Merkmals in der Vorspalte hängt nicht nur die Aussage einer Tabelle ab. Auch die verschiedenen Typen statistischer Zahlenreihen lassen sich danach unterscheiden. So entstehen Kategorialreihen, wenn die Vorspalte ein Merkmal enthält, dessen Ausprägungen etwa geographischen, rechtlichen oder berufskundlichen Kategorien entsprechen. Die Reihenfolge dieser Kategorien in der Vorspalte kann, sofern es sich um nominalskalierte Merkmale handelt, beliebig geändert werden, ohne daß dies die Aussage beeinflußt.

Enthält die Vorspalte ein Merkmal, dessen Ausprägung auf dem Niveau einer Intervall- oder Verhältnisskala gemessen werden kann, so wird die Gesamtheit der in den Tabellenfeldern befindlichen Zahlen Frequenzreihe genannt. Hier ergibt sich eine „natürliche" Folgeordnung der Merkmalsausprägungen unmittelbar aus der Logik des Zahlensystems. Für diskrete Merkmale (z.B. Anzahl der Personen je Haushalt) wird in der wirtschaftsstatistischen Praxis bei großer Anzahl von Ausprägungen die Übersichtlichkeit der Tabelle dadurch gewahrt, daß jeweils mehrere Ausprägungen zu Größenklassen zusammengefaßt werden. Bei stetigen Merkmalen (z.B. Lebendgewicht von Schlachtvieh) ist dies ohnehin erforderlich, da sie definitionsgemäß unendlich viele Ausprägungen aufweisen.

Zeitreihen entstehen, wenn Umfang oder Struktur einer statistischen Masse in aufeinanderfolgenden Zeitpunkten oder -räumen registriert werden. Die Vorspalte einer entsprechenden Tabelle enthält also Zeitangaben. Hinsichtlich der Folgeordnung und des Skalenniveaus gilt für sie das gleiche wie für Frequenzreihen. Doch kann man bei Zeitreihen nicht mehr davon sprechen, daß das Merkmal in der Vorspalte die statistische Masse in Teilgesamtheiten untergliedere. Es wird also deutlich, daß der Inhalt der Vorspalte sowohl die Aussage als auch die Übersichtlichkeit einer statistischen Tabelle prägt.

Mit der Vorspalte wird letztlich die Leitidee der gesamten Tabelle festgelegt. Die Kopfzeile bestimmt dagegen vornehmlich die Anzahl von Merkmalskombinationen, nach denen die Tabellengesamtheit untergliedert werden soll. Die horizontale Aufteilung ließe sich theoretisch so weit treiben, bis kein Tabellenfeld mit mehr als einer Einheit besetzt wäre. Gerade weil das nicht der Sinn einer statistischen Erhebung ist, muß eine Kontraktion herbeigeführt werden. Wie weit diese getrieben werden darf, hängt davon ab, ob es sich um eine Aufbereitungs- oder Aussagetabelle handelt.

Für die Aufbereitung sollte das Tabellengerüst nach Zeilen (Vorspalte) und Spalten (Tabellenkopf) so breit wie möglich ausgefächert werden, um zu vermeiden, daß durch zu starke Zusammenfassung die im Material enthaltenen Informationen überdeckt werden. Die Auswertungstabellen sind andererseits im Interesse der unmittelbaren Einsichtigkeit auf eine überschaubare Anzahl von Merkmalskombinationen zu beschränken. Gegebenenfalls müssen aus einer Aufbereitungstabelle mehrere Aussagetabellen mit einheitlichem Tabellengerüst aufgestellt werden, um die Ergebnisse eindrucksvoll zu präsentieren.

232.3. *Planung der diagrammatischen Beschreibung*

Bereits bei der Aufstellung des Tabellenprogramms sind Erwägungen darüber am Platze, für welchen Teil der Ergebnisse eine verbale Erläuterung vorgesehen wird, um „den stummen Zahlen den Mund zu öffnen" (Rümelin) und welche Ergebnisse zusätzlich zur tabellarischen Darstellung noch mittels eines Diagramms einprägsamer gestaltet werden sollen. Tatsächlich werden, wie A. Schwarz (1952) ausführlich dargelegt hat, „die Benutzer statistischer Werke von den graphischen Darstellungen mit magischer Kraft angezogen", obgleich die Schaubilder, im Vergleich zu tabellierten Zahlenrelationen, nachweislich einen geringeren Erinnerungswert für die Relationen besitzen. Für die Überführung des Aussagegehalts einer Tabelle in die Form eines Schaubilds gelten einige Regeln, die beachtet werden müssen, um weder optische Täuschungen zu verursachen, noch unsachgemäße Vorstellungen über den Tabelleninhalt zu wecken.

1. Jedes Diagramm muß in sich vollständig sein. Das wird durch eine informative Überschrift und durch sachgerechte Angaben über die den Größenverhältnissen zugrundeliegenden Maßeinheiten erreicht, sowie durch eine Anweisung (Legende), wie die verwendeten Formen, Farben oder Schraffuren zu deuten (zu „lesen") sind.
2. Um den Tabelleninhalt zutreffend abbilden zu können, muß deutlich auf Leitwerte der Vorspalte Bezug genommen werden. In den meisten Darstellungsformen kann dies dadurch erreicht werden, daß die Grundlinie des Diagramms (die Abszisse) in Einheiten der Vorspalte aufgeteilt wird.

(1) Stab- oder Säulendiagramm
Bei den kategorial (nach Bundesländern, Berufsgruppen, Tierarten, Wirtschaftszweigen usw.) gegliederten Reihen, den sog. „Stapeltabellen", gibt es kein anderes Ordnungskriterium als das der jeweiligen sachlich begründeten Reihenfolge (Alphabet, Nord-Süd-Richtung usw.). Die graphische Darstellung solcher „unechter" Reihen erfolgt, indem „Stäbe" oder „Säulen" unverbunden nebeneinander gestellt werden, um die Teilgesamtheiten ihrer absoluten Größe nach, in der Folgeordnung der Tabellenvorspalte abzubilden. Wenn das im Koordinatensystem erfolgt, so ist die Ordinate entweder in von-Hundert-Teilen oder in absoluten Größen zu skalieren.

Tab. 2: Einwohner der Stadt „U" nach Geschlecht und Familienstand

Familienstand	Anzahl der Personen			
	absolut	in v. H.	darunter weiblich	
			absolut	in v. H.
Ledige	96 000	32	45 000	47
Verheiratete	123 000	41	60 000	49
Verwitwete oder Geschiedene	81 000	27	47 000	58
Insgesamt	300 000	100	152 000	51

Beispiel für ein Stabdiagramm:

Diagr. 4: Einwohner der Stadt „U" nach dem Familienstand (Beispiel für ein Stabdiagramm)

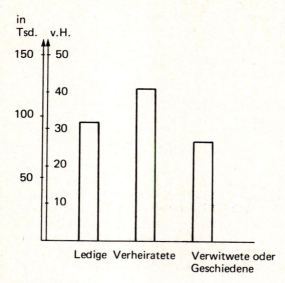

Quelle: Tabelle 2

Bei der Darstellung mehrdimensionaler Tatbestände wirkt sich die in Kapitel 232.2 erörterte Planung des Tabellenprogramms voll aus: Wenn in jeder durch den Leitwert der Vorspalte gegebenen Zeile mehrere Felder entstehen, ergeben sich nicht nur über die Tabellenfelder verstreut vielfältige Kombinationen qualitativer und quantitativer Merkmalsausprägungen, sondern damit eröffnet sich auch eine Möglichkeit zur strukturierten graphischen Darstellung.

Im Falle der kategorial gegliederten Gesamtheit von Tabelle 1 könnte weiter (nach 2 oder 3 anderen qualitativen Merkmalen) unterteilt werden.

So ließe sich beispielsweise das Diagramm 4 gemäß den Angaben in Tabelle 2 nach dem Geschlecht unterteilen.

Ein Vergleich der Einwohnerschaft von 3 Städten, gegliedert nach dem Geschlecht, würde (bei gleichen Ausgangszahlen) in gleicher

Weise graphisch darzustellen sein. Deshalb ist unbedingt auf eine informative Überschrift und Legende zu achten.

Beispiel eines gegliederten Stabdiagramms

Diagr. 5: Einwohner der Stadt „U" nach dem Familienstand und Geschlecht (Beispiel für ein gegliedertes Stabdiagramm)

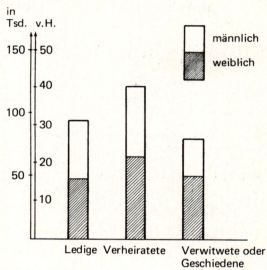

Quelle: Tabelle 2

Mit Hilfe von Stabdiagrammen läßt sich auch eine relative Veränderung der absoluten Größe einer Gesamtheit und ihrer Gliederung verdeutlichen. (Als Beispiel kann der im Statistischen Jahrbuch der BRD übliche Zeitvergleich für die Größen des Sozialprodukts dienen: Band II/Kap. 6.)

(2) Histogramm

Falls sich von der Vorspalte her eine Aufteilung der Gesamtheit in Größenklassen ergibt, muß dies in der diagrammatischen Darstellung dadurch verdeutlicht werden, daß die Flächen der Säulendiagramme an den Klassengrenzen ineinander übergehen. Indem zugleich die Breite der Klassenintervalle als Maßstab für die Breite der Säulen gewählt wird, entsteht ein Histogramm, in dem die Häufigkeit der Merkmalsausprägung in der Gesamtheit durch die Fläche (also nicht die Stabhöhe!) abgebildet wird.

Tab. 3: Kraftfahrzeuge der Firma „V" nach dem Betriebsalter

Alter in Jahren*)	Anzahl der Kfz.	
	insgesamt	in v. H. des Bestandes
unter 1 Jahr	17	22
1 bis unter 2 Jahren	19	25
2 ” ” 3 ”	14	19
3 ” ” 4 ”	11	15
4 ” ” 5 ”	8	11
5 ” ” 6 ”	6	8

*) Es geht nicht um das Bau- oder Zulassungsalter, sondern um das nach Leistungszeit bemessene Einsatzalter; 1 Jahr = 350 Einsatztage.

Diagr. 6: Kraftfahrzeuge der Firma „V" nach ihrem Betriebsalter (Beispiel für ein Histogramm)

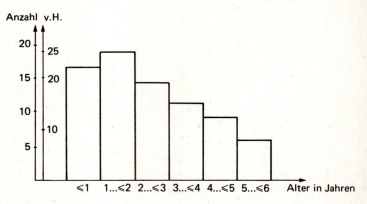

Quelle: Tabelle 3

Indem die Fläche unter der Bestandskurve gleich 100 gesetzt wird, erscheint der Anteil aller Altersklassen am Bestand in seiner relativen Häufigkeit.

Die erwähnte Bezugnahme der Besetzungshäufigkeit auf die Gesamtfläche des Histogramms führt bei unterschiedlicher Klassenbreite dazu, daß die Besetzungszahlen flächengerecht auf das in der Grundlinie abgetragene Klassenintervall umgerechnet werden müssen. (Vgl. dazu Diagramme 10 und 11.)

Auch hierbei wäre eine Unterteilung der Säulen nach einem weiteren Merkmal denkbar, im Beispiel des Fahrzeugbestandes etwa nach der Anzahl von Sitzplätzen oder nach der Ausstattung mit Klimaanlagen u. ä. Es leuchtet aber auch ohne Demonstrationsbeispiel ein, daß allenfalls eine Aufgliederung nach einem sog. dichotomen Merkmal (ja/nein oder männlich/weiblich) vom Auge noch in den gegebenen Relationen wahrgenommen werden kann.

Diagr. 7: Nürnberger Bevölkerung nach Geburtsjahren und Erwerbsbeteiligung bei der Volkszählung 1970

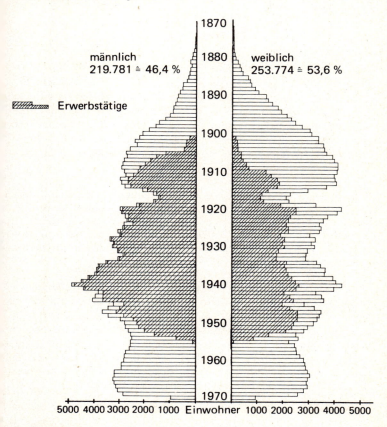

Quelle: Statistisches Handbuch der Stadt Nürnberg, 1972, S. 17 ff.

Deshalb wurde vorgeschlagen, bestimmte mehrfach zu gliedernde Histogramme „aufzuklappen", nämlich das Gesamtbild zunächst nach einem dichotomen Merkmal zu zerlegen und die beiden Histogramme spiegelbildlich einander gegenüber anzuordnen, indem die Klassifikationsachse senkrecht zwischen beiden aufgerichtet wird.

In der Bevölkerungsstatistik wird dieses Verfahren zur Abbildung der Altersgliederung von Städten oder Regionen dazu genutzt, entweder die Unterschiede in der Besetzung der Altersklassen mit Ledigen, Verheirateten und Verwitweten zu verdeutlichen oder die geschlechts- und altersspezifische Beteiligung der Bevölkerung am Erwerbsleben darzustellen.

(3) Flächendiagramm

Die weitergehende Unterteilung von Gesamtheiten nach mehreren Merkmalsklassen ist meist so gekünstelt, daß der Konsument der statistischen Mitteilung große Mühe hat, die graphische Darstellung zu interpretieren. Für den Berufsstatistiker mag eine solche Darstellung insofern planungsrelevant sein, als sie gelegentlich dazu führen kann, das „Coverage" unterschiedlicher Erhebungsresultate genauer abzuwägen, als dies unmittelbar aus dem Tabellenmaterial möglich wäre.

In Diagramm 8 wird beispielsweise für das Jahr 1961 die Gesamtheit aller dem Produzierenden Gewerbe zugehörigen Unternehmen gemäß der Beschäftigtenzahlen danach aufgegliedert, inwieweit sie industriell oder handwerklich organisiert sind und welchem Produktionsbereich sie zuzurechnen sind. (Die periodisch wiederkehrenden Erhebungen umfassen teilweise verschieden abgegrenzte Teilgesamtheiten.)

Sehr ansprechend ist der Vergleich mehrerer Gesamtheiten durch Kreisdiagramme. Als mehrdimensionales Flächendiagramm ist es jedoch ebenfalls nicht unmittelbar informativ; denn es bedarf recht guter geometrischer Kenntnisse, um die mehrfache Gliederung in Sektoren oder gar in Teilsektoren maßstabsgerecht wahrzunehmen. Eine solche Darstellung mag jedoch von Fall zu Fall dazu dienlich sein, das Interesse an irgendwelchen Erscheinungen zu wecken, wie beispielsweise der in Diagr. 9 (S. 66) „illustrierte" Sachverhalt.

Auch über die Zweckmäßigkeit einer kartographischen Darstellung des Befundes sollte bereits in der Vorbereitung eine Entscheidung herbeigeführt werden, weil das Tabellenprogramm gegebenenfalls

Diagr. 8: Gesamter Erfassungsbereich des Zensus im produzierenden Gewerbe – Anteile ermittelt nach den Beschäftigtenzahlen der einzelnen Bereiche aus der Arbeitsstättenzählung 1970

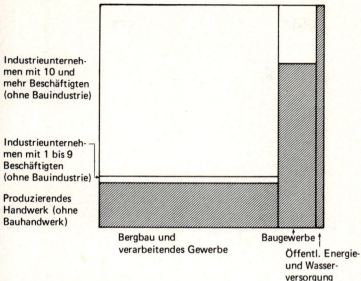

Quelle: Wirtschaft und Statistik, 1965, S. 359

gekürzt werden kann, falls von einer regional unterteilten Darstellung von vornherein keine wesentlichen Informationen zu erwarten sind.

Bei der Erhebungsplanung (sowie bei der Kalkulation der durch eine Erhebung verursachten Kosten) sollte unbedingt Vorsorge dafür getroffen werden, daß nur solche Diagramme ausgeführt werden, die über die verbale Interpretation des tabellierten Erhebungsmaterials hinaus wesentliche, eindrucksvolle Informationen liefern. In diesem Zusammenhang ist anzumerken, daß die journalistisch beliebte Darstellungsweise in Form von Körperdiagrammen (Würfel, Fläche, Häuser usw.) zufolge der geringen Erfahrung der Leser in einer perspektivisch und räumlich korrekten Interpretation der körperlichen Dimensionen wenig ergiebig ist.

Andererseits sind in jüngerer Zeit bemerkenswerte Vorschläge zur Vereinheitlichung der graphischen Präsentation statistischer Befunde gemacht worden, auch in der Absicht, Fehlinterpretationen verschiedenartiger Darstellungsweisen vermeiden zu helfen. Erwähnt seien:

Diagr. 9: Mütter im April 1974 nach Familienstand, Alter der Kinder und Erwerbstätigkeit

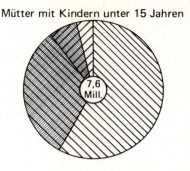

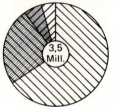

Quelle: Wirtschaft und Statistik, 1975, S. 462

1. Ein computergesteuertes Verfahren des US Bureau of the Census (1975), welches es ermöglicht, Tabellen mit doppeltem Eingang unter Ausnutzung der Mischungsregeln der Ostwaldschen Farbenlehre in je 4 Farbtönen kartographisch auszuweisen und sodann,

überdeckt als farbiges Querschnittstableau, die regionale Verteilung der Gesamtheit in 16 Schattierungen darzustellen.
2. Ein vielbeachtetes System zur graphischen Darstellung mittels rationaler Symbole (GRP = Graphical Rational Patterns), entwickelt von R. Bachi (1975); tatsächlich lassen sich damit die Besetzungszahlen von Tabellenfeldern anschaulich im Ordinatensystem oder auf Teilflächen der graphischen Karte darstellen.

Die graphische Darstellung von Zeitreihen, bei denen die Ordnung der Reihenwerte in der Vorspalte (und damit zugleich für die zur Zeitachse transformierte Abszisse) durch den Zeitablauf vorgegeben ist, stellt besondere Anforderungen. Sie werden im Zusammenhang mit der Definition und Zerlegung von Zeitreihen behandelt (Kapitel 52).

24. Konkretisierung des Tabellenprogramms mittels Klassifikation

Die im Tabellenprogramm für die Querschnittserhebungen entwickelten Leitideen werden operationalisiert, um die technische Aufbereitung des gesamten Datenmaterials zu ermöglichen. Je nach Art der Skalierungsmerkmale erfolgt die dem jeweiligen Sachverhalt angemessene Klassifikation metrisch (nach einem Schema von Größenklassen) oder kategorial (nach einer Systematik). In beiden Fällen gibt es keine absolut verbindlichen formalen Konstruktionsregeln für die Klassifikationsschemata. Vielmehr überwiegen – von den technischen und organisatorischen Gegebenheiten her – pragmatische Lösungen:

Klassifikationsprinzipien zur Gliederung des Datenmaterials

	Metrische Klassifikation		Kategoriale Klassifikation	
Technik	Festlegung von Klassengrenzen und Klassenbreiten		Aufstellung einer Nomenklatur und eines Schlüsselsystems (Systematisierung)	
Prinzipien	Zeitvergleich (Traditionalprinzip)	Instrumentelle Zweckmäßigkeit (Bausteinprinzip)	Zeitvergleich (Traditionalprinzip)	Fachliche Anpassung an Veränderungen der sozial-institutionellen Ordnung (Umsteigeschlüssel)

241. Metrische Klassifikation

Widerstreitende Anforderungen können auf eine Vermehrung oder Verminderung der Anzahl und Breite von Klassen hinwirken. Bei Aufbereitungstabellen hat sich in der Praxis herausgestellt, daß eine Klassenanzahl zwischen 10 und 20 Klassen optimale Auswertungsvoraussetzungen bietet. Denn bei einer Auswertung des Zahlenmaterials mit mehr als 20 Klassen wird zwar ein detaillierter Nachweis erarbeitet, jedoch wird er unübersichtlich, und die Vielzahl möglicher Zuordnungen kann Ungenauigkeiten hervorrufen. Bei weniger als 10 Klassen muß andererseits die Übersichtlichkeit mit einem Informationsverlust erkauft werden, der dann bedenklich ist, wenn die Merkmalsvariationen zwischen den Gruppen durch die Zusammenziehung überdeckt werden.

241.1. Klassifikationstechnik (Klassengrenzen – Klassenbreite)

Die Technik der Klassifikation weicht bei sozioökonomischen Statistiken insofern von derjenigen ab, die für experimentelle und betriebsstatistische Analysen gebräuchlich ist, als es die zu bewältigenden Datenmassen gar nicht zulassen, eine Auflistung der einzelnen Ergebnisse vorzunehmen, wie das bei Gesamtheiten von 100 oder noch weniger Elementen üblich und möglich ist. Zumeist muß bereits vor Eingang der Zählpapiere über die Klassenbildung entschieden werden.

(1) Festlegung der Klassengrenzen
Bei der Klassifikation von diskreten Merkmalsausprägungen, die in der Wirtschaftsstatistik selten vorkommen, soll eine sachlich begründete Gruppierung von Wert- und Mengenangaben nach abzählbaren Merkmalsausprägungen herbeigeführt werden, sei es nach Personen- oder Stückzahl oder nach der Anzahl von Fällen. Dabei müssen die Grenzpunkte der Klassen in jeweils einer Einheit voneinander verschieden sein.

Klassifizierung nach der Kopfzahl

1. Klasse   1 – 9 Beschäftigte
2. Klasse   10 – 19 Beschäftigte
3. Klasse   20 – 49 Beschäftigte
usw.

In der experimentellen Statistik wird die Klassifikation aufgrund stetiger Merkmalsangaben technisch so gelöst, daß Angaben, die exakter sind als sie im Raster der Klassengrenzen abgebildet werden können, mechanisch auf die darüber und darunter liegenden Klassen aufgeteilt werden; meist geschieht dies in der Form, daß die zwischen 2 Klassengrenzen fallenden Angaben einmal der unteren, ein anderes Mal der oberen Klasse zugeordnet werden. Ein ähnlicher Effekt wird erreicht, wenn alle unter ...,5 liegenden Angaben abgerundet und alle ab ...,5 auf die obere Klassengrenze angehoben werden.

Wirtschaftsstatistische Zahlenangaben werden zweckmäßig nach der Regel klassifiziert, daß der Schwellenwert bis auf die letzte teilbare Restgröße an die folgende Klassengrenze verschoben wird:

Klassifizierung nach der Flächengröße

0,01 ha bis unter 2 ha
2 ha bis unter 5 ha
5 ha bis unter 10 ha
usw.

Bei diskreten wie bei stetigen Werten ist es üblich, nach oben offene Flügelklassen zu bilden (500 Beschäftigte und darüber, 100 ha und mehr). Nach unten offene Klassen geben in der Wirtschaftsstatistik bei diskreten Angaben meist keinen Sinn; sie erscheinen folgerichtig allenfalls bei gemessenen Größen (unter 0,5 ar usw.). Die rechnerische und inhaltliche Interpretation von Sachverhalten, deren offene Flügelklassen stark besetzt sind, bereiten häufig beträchtliche Schwierigkeiten (vgl. dazu Kapitel 32).

(2) Festlegung der Klassenbreite

Eine formale Festlegung der Klassenintervalle kommt für sozioökonomische Tatbestände nur dann in Betracht, wenn sich keinerlei sachbezogene Orientierung anbietet. Oft wird demnach mangels anderer Informationen eine Abgrenzung von gleichen Klassenbreiten vorgenommen, etwa eine Festlegung von Altersgruppen zu je 5 oder 10 Jahren.

Auch eine Folge von Klassenintervallen mit zunehmendem Abstand kommt vor, so z. B. in der Verkehrsstatistik:

Laderaum mit konstantem Quotienten 2

1. Klasse   250 bis unter 500 BRT
2. Klasse   500 bis unter 1000 BRT
3. Klasse   1000 bis unter 2000 BRT
usw.

Gegen eine derart formale Bestimmung der Klassenbreiten ist vor allem einzuwenden, daß damit womöglich Häufungsstellen von sachlich zusammengehörigen Teilgesamtheiten zerschnitten werden. Dem praktisch häufig auftretenden Fall, daß in einem „Mischkollektiv" mehrere Verteilungsgipfel einander ausgleichen oder überhöhen, könnte dadurch begegnet werden, daß Klassen gleicher Besetzungszahlen gebildet würden. Die damit verbundene Arbeit des Vorsortierens der Einheiten würde sich zumindest dann lohnen, wenn ein Urteil über die Brauchbarkeit traditioneller Klassifikationsschemata gesucht wird. Allerdings hätte ein solches Vorgehen den Nachteil, daß von einer Zählung zur anderen jeweils neue Klassenintervalle gebildet werden müßten; damit würde der zwischenzeitliche Vergleich über strukturelle Veränderungen eher erschwert als verbessert.

241.2. Konstruktionsprinzipien für Größenklassenschemata

Über die Klassifizierungstechniken hinaus stützt sich die Konstruktion von Größenklassenschemata meist auf traditionelle und instrumentelle Zweckmäßigkeitsüberlegungen.

Überwiegend sind Schemata in Gebrauch, die durch wirtschaftsrechtliche Normen bestimmt wurden, wie Tarifklassen des Steuerrechts, Hubraumgruppen für Kraftfahrzeuge u. ä. Vielfach werden die nach Erfahrungen aus vorangegangenen Erhebungen bestimmten Klassenbreiten oder sogar völlig willkürlich gesetzte „Jubiläumsschwellen" traditionell beibehalten. Für die Anwendung dieses Traditionalprinzips spricht, daß mit jeder Veränderung des Klassenschemas der zwischenzeitliche Vergleich erschwert wird. Dagegen wird bei unkontrollierter Fortführung eines konstant gehaltenen Schemas möglicherweise verdeckt, welche Verlagerungen sich innerhalb und zwischen den Klassen vollzogen haben.

Deshalb gilt, auch nach praktischen Erfahrungen, das sog. Bausteinprinzip als ebenso rational wie informativ: Indem eine große Anzahl von Signierklassen vorgegeben wird, läßt sich – ohne Gefährdung durch die Starrhaltung des Klassenschemas – dort die bisherige Konstruktion beibehalten, wo sie sich bewährt hat, andernfalls aber ein besseres Klassenschema finden, wenn das bisherige für einzelne Teilbereiche der Wirtschaft atypische Klassengrenzen enthält. Reichen die Feststellungen nicht aus, um Besorgnisse gegenüber Beibehaltung oder Änderung der Klassengrenzen zu entkräften, so empfiehlt es sich, schmalere Aufbereitungsklassen festzulegen. So bietet sich die Möglichkeit einer nachträglichen Abänderung des Klassenschemas oder einer Parallelauswertung nach beiden Schemata.

Das Bausteinprinzip ermöglicht es, das Klassenschema für jene Bereiche, die stark besetzt sind, stärker zu untergliedern und für dünn besetzte Bereiche breitere Klassenintervalle festzulegen.

Übersicht 8: Konstruktion eines Größenklassenschemas, in dem kleinste „Bausteine" in Klassen unterschiedlicher Spannweite umgeformt sind

Auswertung		1. Reduktion (10 Klassen)	2. Reduktion (6 Klassen)	1. Anpassung (11 Klassen mit neuen Klassengrenzen)
Auszählungsprinzip für die Signierung	50 Klassen			
um je 1 Einheit steigend	1	1	1–9	1–9
	2	2–4		
	3			
	4			
	5	5–9		
	6			
	7			
	8			
	9			
um je 2 Einheiten steigend	10–11 ⇕ 18–19	10–19	10–19	10–19
um je 3 Einheiten steigend	20–22 ⇕ 47–49	20–49	20–99	20–49
um je 5 Einheiten steigend	50–54 ⇕ 70–74	50–99		50–74
	75–79			75–99
um je 10 Einheiten steigend	80–89			
	90–99			
um je 25 Einheiten steigend	100–124	100–199	100–199	100–149
	125–149			
	⇕			150–199
	175–199			
um je 50 Einheiten steigend	200–249 ⇕ 450–499	200–499	200–999	200–499
um je 100 Einheiten steigend	500–599 ⇕ 900–999	500–999		500–999
um je 500 Einheiten steigend	1000–1499	1000 und mehr	1000 und mehr	1000–1999
	1500–1999			
offene Klasse	2000 und mehr			2000 und mehr

Welcher Informationsgewinn sich aus der Erfassung und Aufbereitung nach dem Bausteinprinzip ergeben kann, wenn nicht von vornherein für alle Bereiche ein starres Klassenschema vorgegeben, sondern eine nachträgliche, differenzierte Festlegung der Klassengrenzen nach dem jeweiligen Befund ermöglicht wird, läßt sich aus einer im Statistischen Bundesamt durchgeführten Schattenaufbereitung der Betriebsgrößenklassifikation ablesen[7]), der beispielhaft das folgende Diagramm entnommen wurde:

Diagr. 10: Variation der Klassenbreite nach dem empirischen Befund – Betriebe der Steinkohlengewinnung nach der Beschäftigtenzahl – dargestellt nach zwei unterschiedlichen Klassenschemata

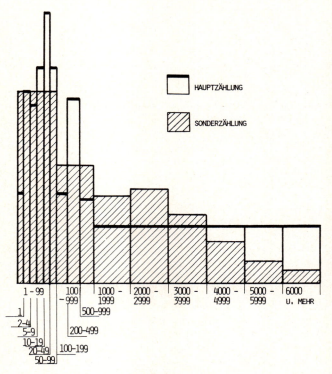

Quelle: Wirtschaft und Statistik, 1956, S. 291

---

[7]) Dennukat, G., Ergebnisse einer Sonderauszählung zur Arbeitsstättenzählung 1950, in: Wirtschaft und Statistik, 1956, S. 289–295.

242. Kategoriale Klassifikation

242.1. *Systematisierung als Klassifikationsprinzip*

Im Gegensatz zur logisch und technisch aus den Skalierungsmerkmalen abzuleitenden Größenklassifizierung bedeutet „Klassifikation" bei der Aufstellung von Kategorial-Tabellen, daß Gruppen für Einheiten gleicher qualitativer Merkmale gebildet werden müssen. Diese Gruppierung muß auf das Erhebungskonzept ausgerichtet werden; zugleich ist die zu erwartende Menge der gruppenzugehörigen Einheiten zu berücksichtigen, um die Anzahl von Klassen sachgerecht festzulegen und eine sinnvolle Folgeordnung zu gewährleisten.

Eine derartige systematische Ordnung kommt nach Zweckmäßigkeitserwägungen zustande; sie kann sich auf geographische, alphabetische oder farbliche Unterscheidungsmerkmale stützen, wenn sich kein objektbezogenes Klassifikationsprinzip findet. Auf keinen Fall darf, auch bei der Aufstellung von kategorialen Klassifikationsschemata, die zwischenzeitliche und zwischenregionale Vergleichbarkeit durch Umstellungen gestört werden, solange das nicht zwingend erforderlich wird. Dies gilt generell, wenngleich die Ordnung der statistischen Elemente allenthalben an rechtliche Änderungen und neueste wissenschaftliche Erkenntnisse angepaßt werden muß.

242.2. *Systematisierungstechnik*

Formal entsteht eine Systematik dadurch, daß alle denkbaren Erscheinungen in ein umfassendes (meist alphabetisches) Verzeichnis aufgenommen werden, die sog. Nomenklatur. Dieses Verzeichnis enthält listenmäßig die gebräuchliche Benennung sämtlicher Einheiten (Importwaren, Berufe usw.) und faßt unterschiedliche Bezeichnungen in jeweils eine tragende Benennung der Arten zusammen. Von der vollständigen Liste aus werden die gleichartigen Objekte zu homogenen Klassen (Gruppen) zusammengefaßt.

Diese traditionelle Technik einer Subsumtion von Individualbegriffen unter Arten, Klassen, Gruppen usw. in einer hierarchischen Stufenfolge von zunehmend umfassenderen, jedoch inhaltsärmeren Oberbegriffen ist seit Einführung der Lochkartentechnik auf das dekadische System gebracht worden. Die Ausfächerung der Kategorien auf Klassen und Gruppen läßt sich seither anhand eines systematischen, mehrstelligen Verschlüsselungsplanes durch Kennziffern bezeichnen. So ergibt sich ein ausbaufähiges Stufensystem vom ein-

Übersicht 9: Schema zur Systematisierungstechnik

Obergruppe	Hauptgruppen	Untergruppen	Klassen*)
0	00	000	0000 … 0009
		009	0090 … 0099
	09	090	0900 … 0909
		099	0990 … 0999
9	90	900	9000 … 9009
		909	9090 … 9099
	99	990	9900 … 9909
		999	9990 … 9999

*) Charakterisiert durch eine exakt beschriebene Merkmalsausprägung bzw. durch eine Bezeichnung, die aus der wirtschaftlichen Alltagssprache (Schlachter, Metzger usw.) in die Nomenklatur (Fleischer) übernommen wurde.

stelligen Grundgerüst aus bis zur 4., 5. (oder beliebig erweiterten) Stelle für jede erforderliche Untergliederung (oder kombinierende Zusammenfassung). Innerhalb der dekadischen Systematik wird für jede Position mit der Kennziffer ein Stellenwert im Kategorialsystem ausgewiesen. (Vgl. Übersicht 9.)

Ein schematisches Beispiel für die Technik einer Klassifikation bei Aufstellung einer Systematik in dekadischer Stufenfolge erläutert diese Darstellung:

Übersicht 10: Positionen einer Warensystematik (Industriestatistik)

496511	Waschmittel für Weiß-, Grob- und Buntwäsche in Pakkungen unter 5 kg überwiegend seifenhaltig
49651	Waschmittel für Weiß-, Grob- und Buntwäsche
4965	Wasch-, Spül- und Reinigungsmittel
496	Seifen, Wasch- und Reinigungsmittel
49	Sonstige chemische Erzeugnisse
4	Chemische Erzeugnisse

Mit Zuordnung einer jeden Aufbereitungseinheit zu irgendeiner Kategorie auf der untersten Stufe der jeweiligen Systematik ist technisch der Klassifikationsprozeß vollzogen. Über den Aussagewert einer solchen kategorialen Gliederung der systematischen Gesamtheit entscheidet die Konsistenz der verwendeten sachlichen Systematisierungsgrundlagen.

242.3. *Logische Ordnungskriterien für die Aufstellung von Systematiken*

Systematiken sind eindeutig, und dann verhältnismäßig langfristig unveränderlich, wenn ihre Ordnungskriterien in der biologischen, sozialen und rechtlichen Ordnung vorgegeben sind. Das gilt nicht nur für demographisch geprägte Kategorien (Geschlecht und Familie) oder für die Bildung von Altersgruppen nach sozialen Rollen (Schulpflicht, Militärdienst, Pensionsalter usw.), sondern vor allem für wirtschaftsrechtlich definierte Teilgesamtheiten.

Als Beispiele können angeführt werden (1) die Abgrenzung des Handwerks aus der Gesamtheit des „Produzierenden Gewerbes" nach der „Positivliste" derjenigen gewerblichen Berufe, die handwerklich erlernt und betrieben werden können; (2) Einteilung der sog. klassifizierten Straßen nach dem Baulastträger; (3) Gliederung von Handelsgütern nach dem internationalen Zolltarif.

Das in derartigen Systematiken enthaltene historisierende Moment macht Änderungen nur dann erforderlich (dann allerdings zwingend), wenn strukturelle Veränderungen im gesellschaftlich-institutionellen Rahmen des Wirtschaftslebens eintreten, zumal Änderungen der Rechtsordnung.

Die logische Ordnung einer einmal eingeführten Systematik kann ebenso durch Änderungen des empirischen Sachverhalts wie durch wissenschaftlichen Fortschritt in Frage gestellt werden. Dann müssen Umstellungen und Erweiterungen auch ansonsten bewährter Systematiken erfolgen, beispielsweise, wenn durch den technischen Fortschritt neuartige Berufe, Produktionsverfahren oder Erzeugnisse kategorial erfaßt werden müssen; genauer, wenn dadurch der Stellenwert der bisher systematisch erfaßten Kategorien beeinträchtigt oder verlagert wird. Auch bessere wissenschaftliche Einsichten können zur Umstellung eines Klassifikationsschemas zwingen; so müssen nicht nur Verzeichnisse der Todesursachen, sondern auch solche von pharmazeutischen Präparaten, bei Fortschritten in der Diagnosetechnik oder bei Feststellung neuer Krankheitserreger überarbeitet werden.

242.4. *Operationalisierung einer systematischen Klassifikation*

Selbst wenn es gelingt, einen sozioökonomischen Sachverhalt technisch und logisch eindeutig zu klassifizieren, ergeben sich aus der Unbestimmbarkeit oder Wandelbarkeit der Klassifikationsmerkmale bei den Einzelelementen häufig Schwierigkeiten hinsichtlich der Operationalität der Systematik. Es kommt wesentlich darauf an, daß die Berichtspflichtigen und das mit der Aufbereitung befaßte Personal das System des Klassifikationsschemas verstehen können, wenn Fehlmeldung, irriges Signieren und Lochen vermieden werden sollen. Ohnehin sind der Objektivierung sachlicher Unterschiede engere Grenzen gesetzt als einer zweckmäßigen Setzung von Klassengrenzen bei quantifizierbarem Material. Deshalb kann sich das in der Bildung von Größenklassen bewährte „Bausteinsystem" beim kategorialen Klassifikationsverfahren nur bedingt bewähren, falls nicht in der Nomenklatur eine differenzierte Beschreibung der Arten und Klassen gegeben wird. (Dies ist z.B. bei der weltweit verbindlichen „Berufssystematik" des International Labor Office, Genf der Fall.) Denn je tiefer das systematische Gerüst unterteilt wird, um so größere Schwierigkeiten ergeben sich für eine sachgerechte Zuordnung der Einheiten beim Signiervorgang. Das gilt besonders im Falle einer Merkmalshäufung.

(1) Probleme der Merkmalshäufung bei den Einheiten
Sowohl bei der Meldung der Daten als auch bei deren Aufbereitung läßt sich eine konzeptgerechte Zuordnung nur dadurch absichern, daß bereits im Zuge der Erhebungsplanung exakte Signieranweisungen für solche Fälle vorbereitet werden, in denen sich mehrere Prädikatsmerkmale bei einer Einheit häufen können. Etwaige Zuordnungsdifferenzen können sonst bereits aus unpräzisen Angaben der Berichtspflichtigen erwachsen, nämlich wenn diese die Bezeichnung weniger detailliert wählen, als sie für die Zuordnung auf der untersten Stufe des Schemas benötigt wird. Sodann können sich Divergenzen ergeben, wenn die Signieranweisungen beim Aufbereitungspersonal abweichend interpretiert werden.

Signierentscheidungen müssen z. B. gefällt werden, wenn eine Person mehrere Berufe erlernt hat oder verschiedene Berufstätigkeiten ausübt; wenn für eine Warengattung gleicher Verbrauchsreife mehrere Verwendungsmöglichkeiten bestehen; wenn einzelne Unternehmen mehrere Produktionsprogramme erfüllen oder auf mehreren Produktionsstufen tätig sind.

Im Falle einer derartigen Häufung von Zuordnungsmerkmalen bei einer Einheit bietet es sich an, die erforderliche Klassifikation so durchzuführen, daß entweder die Systematik entsprechend ausgebaut wird oder daß detaillierte Signieranweisungen als Entscheidungshilfen vorgegeben werden. (Vergl. Übersicht 11.)

(2) Probleme der Umstellung von Klassifikationssystemen
Mit dem einmal beschlossenen Klassifikationsschema wird nicht allein über die Aussagekraft der speziellen Erhebung entschieden, für die das Schema entworfen wurde, sondern auch über die Vergleichbarkeit der in späterer Zeit folgenden Statistiken. Falls sich zwischen zwei Zählungen eine Änderung der Systematik als unumgänglich erweist, bietet die Aufstellung eines „Umsteigeschlüssels" einen Notbehelf. Nach dem Schlüsselverzeichnis können die Ursprungszahlen der Positionen einer neuen Systematik auf die der früher geltenden zurückgeführt werden und umgekehrt. Eine Umschlüsselung kann also vom tabellierten Material her kaum vorgenommen werden, es sei denn mittels komplizierter Umrechnungen aufgrund von plausiblen Schlüsselquoten.

In den amtlichen Wirtschaftsstatistiken der BRD sind zwischen 1925 und 1970 fünfmal wesentliche Veränderungen vorgenommen worden; sowohl die Anzahl der Obergruppen als auch die Subsumtion von Untergruppen zu dieser oder jener Position des Grundschemas wurden mehrfach abgewandelt. Für die Aufstellung durchlaufender

Übersicht 11: Systematische Klassifikation bei Merkmalshäufung

Grundgedanke	Aufbau der Systematik durch Schaffung von Kombinationspositionen innerhalb der Systematik	Systematisierung der Zuordnung nach dem	
		Schwerpunkt-prinzip	Beteiligungsprinzip (Mehrfachklassifikation)
Verfahrensweise	Systematische Trennung von Klassen eindeutig homogener Einheiten gegenüber „Kombinationspositionen" (für häufig auftretende Mischfälle) und Sammelpositionen: „Sonstige" (für weniger oft vorkommende Mischfälle)	Heranziehung von Hilfsinformationen aus dem gleichen Zählpapier	
		zur Ermittlung eines strukturellen oder funktionalen Schwerpunkts, der für die Klassifikation bestimmend ist	zur quotalen Aufteilung von Wert- und Mengenangaben der Merkmalsträger auf eindeutig unterscheidbare Klassen
Kritische Beurteilung	Durch Hervorhebung der eindeutig zuzuordnenden Einheiten werden die Aussagen über „reine" Klassen präziser. Werden zuviele Kombinationsklassen vorgegeben, so wird die Gesamtinformation unscharf	Bei beiden Klassifikationsprinzipien ist der zu erzielende Informationswert der Tabelle weitestgehend von der Formulierung der Interviewer- und Signieranweisungen abhängig. Bei Selbstausfüllung und/oder unkundiger Aufbereitung besteht besonders die Gefahr divergierender Auslegung der Hilfsinformationen	

Zeitreihen (etwa für Beschäftigtenzahlen oder Umsatz einer Branche, Arbeitseinkommen je Berufsklasse u. ä.) ergibt sich daraus das erwähnte Problem der fehleranfälligen Umrechnung. Diese Erfahrung legt es nahe, die formale Forderung nach zwischenzeitlicher Vergleichbarkeit nicht geringer zu bewerten, als die nach Aktualität der Informationen.

Die vom Statistischen Bundesamt verwendeten Systematiken sind darauf abgestellt, sowohl den Informationsbedarf der Regierung bei wirtschafts- und sozialpolitischen Entscheidungen hinreichend aktuell zu befriedigen als auch für alle international beschlossenen Systematiken hinreichend verläßliches Zahlenmaterial bereitzustellen. Deshalb werden regelmäßig gleichartige Sachverhalte, nach verschiedenen systematischen Leitideen geordnet, nebeneinander publiziert. Um Interpretationsfehlern vorzubeugen, die sich aus dem Zahlenvergleich verschieden klassifizierter Tatbestände ergeben können, hat das Statistische Bundesamt die Leitideen aller gebräuchlichen Systematiken erläutert und übersichtlich dargelegt[8]).

---

[8]) Eine tabellarische Übersicht über die derzeit verwendeten amtlichen Systematiken findet sich in der jeweiligen letzten Ausgabe des vom Statistischen Bundesamt herausgegebenen Nachschlagewerks „das arbeitsgebiet...".

3. Das System beschreibender Indikatoren für die Strukturstatistik

31. Indikatoren zur Beschreibung sozioökonomischer Bestandsmassen

Um Einsichten in die Erhebungsgesamtheit zu gewinnen, muß bei jeder statistischen Arbeit das tabellierte Datenmaterial rechnerisch ausgewertet werden. Für Zwecke der analytischen Statistik gilt es, das aufbereitete Datenmaterial auf solche Maßzahlen zu reduzieren, von denen aus die induktiven Schätzmethoden angewandt werden können. Bei den Erhebungen der informativen Statistik konzentriert sich die Auswertungsarbeit auf die Gewinnung sozioökonomischer Indikatoren, die ein fachwissenschaftliches Urteil über die untersuchte Gesamtheit ermöglichen.

Dabei kann es genügen, die Auswertung auf solche Indikatoren abzustellen, mit denen sich die Aufgliederung der Gesamtheiten und die wechselseitigen Beziehungen von Teilgesamtheiten im Querschnitt charakterisieren lassen (Strukturmaßzahlen). Noch informativer sind meistens Maßzahlen, mit denen sich das mittlere Niveau sowie Streuung und Konzentration der im Kollektiv erfaßten Einheiten kennzeichnen lassen (Verteilungsmaßzahlen).

311. Sozioökonomische Strukturmaßzahlen

Alle Strukturmaßzahlen sind Verhältniszahlen, d.h. sie bringen rechnerisch das Verhältnis zwischen mehreren Bestandsmassen zum Ausdruck. (Meßzahlen sind zwar auch Verhältniszahlen; sie dienen aber nicht als Strukturindikatoren, sondern dem Niveauvergleich. Vgl. darüber Kapitel 42.) Im einzelnen kann das zu beobachtende Verhältnis in unterschiedlicher Weise formuliert werden; daraus ergeben sich verschiedenartige Indikatoren zur Charakterisierung der Gesamtheit.

Erscheinungs-formen	Gliederungs-zahlen	Beziehungszahlen		
		Dichtezahlen i.e.S.	Entsprechungszahlen	
			„Unechte" Dichtezahlen	„Spezielle" Beziehungszahlen
Charakterisierung	Bezugnahme von Teilgesamtheiten auf ein gleichartiges Kollektiv	Bezugnahme von gezählten oder gemessenen Größen auf Flächenangaben	Bezugnahme von gezählten oder gemessene Größen auf eine verschiedenartige Gesamtheit	Bezugnahme zwischen Ereignisgesamtheiten und Bestandsmassen, meist nach vorheriger Ausschaltung „unbeteiligter Elemente", zumindest aus der Bezugsgröße

311.1 Gliederungszahlen

Die Beziehung von Gruppen (Klassen oder Teilgesamtheiten) zur jeweils übergeordneten artgleichen Gesamtheit wird durch Gliederungszahlen darstellbar. Dabei werden die berechneten Anteilswerte prozentual zur Summe aller gleichartigen Einheiten ausgewiesen.

$$\frac{\text{Zahl der weiblichen Erwerbspersonen}}{\text{Gesamtheit der Erwerbspersonen}} \cdot 100 = \frac{9\,884\,000}{27\,035\,000} \cdot 100 = 36{,}6\,\%$$

Mit der Aufteilung einer Gesamtheit auf mehrere Gruppen (Familienstand der Bevölkerung/Altersgruppen/Beschäftigte nach Wirtschaftszweigen) wird ein Abbild von der Zusammensetzung des Kollektivs vermittelt. Somit dienen die Gliederungszahlen unmittelbar zur Charakterisierung der Struktur.

311.2 Beziehungszahlen (Dichte- und Entsprechungszahlen)

Wenn Verhältniszahlen die Beziehung zwischen zwei ungleichartigen Massen anzeigen, die nicht im Verhältnis der Subordination zueinander stehen, so werden sie als Beziehungszahlen bezeichnet. Sie werden insofern zu Indikatoren, als sie einen Vergleich mit entsprechenden Relationen in einer anderen räumlichen oder zeitlichen Abgrenzung ermöglichen. Je nach dem Koordinationsverhältnis, das zwischen den beiden Größen besteht, können Dichtezahlen und Entsprechungszahlen unterschieden werden.

(1) Dichtezahlen i.e.S.

Mit einer Kennzahl über das Verhältnis von statistischen Gesamtheiten je Flächeneinheit gewinnen die Dichtezahlen i.e.S. den Charakter von Durchschnittsaussagen.

Als geläufiges Beispiel für eine Dichtezahl gilt die Bevölkerungsdichte *(d)*, die wie folgt definiert ist:

Bevölkerungsdichte: $d = \dfrac{\text{Bevölkerungszahl der Region}}{\text{Fläche der Region in km}^2}$

$d = \dfrac{\text{Wohnbevölkerung der BRD 1975}}{\text{Fläche der BRD in km}^2} = \dfrac{60\,650\,600}{248\,577} = 244 [\text{Personen/km}^2]$

Die Wahl der Flächeneinheit ist sehr wichtig und insbesondere beim Vergleich zweier Dichtezahlen zu beachten. Denn es kommt auch die Bezugnahme auf ha vor oder, in der Industriestatistik, auf m².

Bei Dichtezahlen dieser Art erbringt stets auch die Umkehrung zwischen Beziehungs- und Bezugsgröße sinnvolle Indikatoren: So kennzeichnet der Kehrwert von „d" die Ausstattung der Individuen einer Wohnbevölkerung mit Wohn- und Lebensraum:

Arealitätszahl: $A = \dfrac{\text{Fläche der Region in km}^2}{\text{Bevölkerungszahl der Region}}$

A für die BRD mit Zahlen für 1975 $= \dfrac{248\,577}{60\,650\,600} = 0{,}0041\ \ [\text{km}^2/\text{Person}]$

$= \dfrac{1}{d} = \dfrac{1}{244} = 0{,}0041\ \ [\text{km}^2/\text{Person}]$

(2) Entsprechungszahlen

Entsprechungszahlen dienen dazu, die Beziehung einer Größe zu einer nichtflächenhaften Bestandsmasse zu charakterisieren. Sie werden in der Form „unechter" Dichtezahlen und „spezieller" Beziehungszahlen als Indikatoren verwendet.

Im Falle von „unechten" Dichtezahlen wird die Menge gezählter oder gemessener Einheiten auf eine artfremde Gesamtheit bezogen.

So erbringt beispielsweise der Quotient $\dfrac{\text{Lohnsumme}}{\text{Umsatz}} \cdot 100$ eine statistische Information, die einen Vergleich ebenso über Branchen wie zwischen zwei Perioden ermöglicht.

Auch der reziproke Wert von solchen Dichtezahlen kann aussagefähig sein; häufig wird damit aber nur die mit der ursprünglichen Maßzahl vermittelte Information wiederholt.

„Spezielle" Beziehungszahlen kennzeichnen die Wirkung von Ereignissen (wie Geburten, Erkrankungen, Lehrabschlußprüfungen,

Produktionsausfälle) auf den Umfang des zu beobachtenden Bestands wie auch auf dessen Zusammensetzung. Bezüglich der Veränderungen einer Gesamtheit durch Zu- und Abgänge gehören diese Indikatoren offensichtlich zur Prozeßstatistik[1]). Insoweit als sich die Gesamtheit solcher Ereignisse auf die Zusammensetzung der beobachteten Grundgesamtmenge auswirkt, sind diese Verhältniszahlen aus Ereignisgesamtheit und Bestandsmasse jedoch unter die Beziehungszahlen der Strukturstatistik zu subsumieren.

Die „Spezifizierung" der Entsprechungszahlen zielt darauf ab, den Aussagegehalt der gewonnenen Indikatoren treffender zu gestalten, indem Störmomente ausgeschaltet werden. Zu diesem Zweck muß überprüft werden, inwieweit die in den Quotienten eingesetzten Zahlen für die Ereignisgesamtheit (Zähler) und für die Bezugsgröße (Nenner) an der darzustellenden Relation beteiligt sind; gegebenenfalls müssen „unbeteiligte Massen" rechnerisch ausgeschaltet werden.

Diese Form der Entsprechungszahlen wird häufig unter der Bezeichnung „Kennzahlen" verwendet, insbesondere für den innerbetrieblichen und zwischenbetrieblichen Vergleich (z.B. als Umschlagskennzahlen zur Charakterisierung der Bewegungen im Warenlager, im Anlagenbestand, auf dem Kontokorrent-Konto; als Kennzahlen der Wirtschaftlichkeit oder der Rentabilität usw.). Die Grundideen der speziellen Beziehungszahlen sind jedoch in der Bevölkerungsstatistik entwickelt worden, wo sie – auch vom Materiellen her – einen unmittelbaren Anschauungswert besitzen. Deshalb wird der Denkansatz für die formale „Ausschaltung der unbeteiligten Einheiten" aus den Beziehungszahlen am Beispiel der demographischen Statistik erläutert.

Bevölkerungsstatistische Beziehungszahlen dienen dazu, die in einer bestimmten Region für bestimmte Zeitabschnitte registrierten Ereignisse der Bevölkerungsbewegung (Geburt, Heirat, Scheidung, Tod) unter Bezugnahme auf die Gesamtheit derjenigen Bevölkerungsgesamtheit darzustellen, deren demographische Struktur (Gliederung nach Alter, Geschlecht und Konfession sowie nach dem Familienstand, nach der Familiengröße usw.) durch diese Vorgänge verändert wird.

---

[1]) Deshalb muß auch bezüglich der definitorischen Unterscheidung zwischen Bestands- und Ereignisgesamtheit einerseits, Bestands- und Streckenmassen andererseits auf Kapitel 43. verwiesen werden.

Die Berechnung einer „generellen Geburtenrate"[2]) folgt dem Ansatz:

3.01. $G = \dfrac{N}{P} \cdot 1000$

mit N = Anzahl der lebendgeborenen Säuglinge eines Jahres (N von natus)

P = Anzahl der Personen der Bevölkerung (P von populatio)

Diese „unechte" Dichtezahl wird laufend amtlich ermittelt. Sie dient dem kurzfristigen Zeitvergleich; außerdem läßt sich die für die Gebürtigkeit berechnete Rate gegen eine entsprechend für die Sterblichkeit ermittelte aufrechnen, um eine Rate für den Geburten- oder Sterbeüberschuß zu gewinnen.

Die Entsprechungszahl „G" ist jedoch nicht geeignet, etwas über die Stärke der Geburtenleistung auszusagen, d. h. über die Wirkung der Ereignisgesamtheit für den Bestand, weil die Ereignishäufigkeit von der Struktur der Bezugsgröße beeinflußt wird. (Als drastisches Beispiel sei auf die Folgen der Kriegsverluste unter der männlichen deutschen Bevölkerung hingewiesen: sie haben nicht nur die Gesamtzahl der Bevölkerung reduziert, sondern – über die verringerte Anzahl von Eheschließungen – auch eine Herabsetzung der Gebürtigkeit bewirkt.)

Um „spezielle" Beziehungszahlen als Indikatoren für die Gebürtigkeit eines Volkes zu ermitteln, bietet es sich an, die Bruttorate „G" im Zähler wie im Nenner immer strengeren Reduktionen zu unterwerfen, um unbeteiligte Ereignis- bzw. Bestandsgesamtheiten auszuschalten. Als Fertilitätsmaße werden u. a. nach diesem Ansatz ermittelt:

Allgemeine Fruchtbarkeitsrate (F_a)

3.02. $F_a = \dfrac{N}{\sum\limits_{i=15}^{50} P_i^{\female} + \sum\limits_{j=18}^{55} P_j^{\male}} \cdot 1000$

mit $P_i^{\female}$ = weibliche Personen des Altersjahres i

$P_i^{\male}$ = männliche Personen des Altersjahres i

Ausgeschaltet sind in der Bezugsgröße, und zwar geschlechtsspezifisch, die an der Proliferation nicht beteiligten Kinder, Jugendlichen und alten Leute.

---

[2]) Die Bezeichnung „Rate" für die im folgenden dargestellten Beziehungszahlen, wird hier in Anlehnung an die internationale demographische Terminologie eingeführt, weil O. Anderson sen. (1962) mit Recht gegen die Bezeichnung „Ziffern" eingewandt hat, daß diese als Reihung von Zahlenzeichen zu verstehen sind – also inhaltsleer – sind.

Spezielle Fertilitätsrate ($F_e^{\female}$)

3.03. $\quad F_e^{\female} = \dfrac{N_e}{\sum\limits_{i=15}^{50} P_{vi}^{\female}} \cdot 1000$

mit N_e = Anzahl der ehelich lebendgeborenen Säuglinge eines Jahres

$P_{vi}^{\female}$ = weibliche, verheiratete Personen des Altersjahres i

Ausgeschaltet sind im Zähler die unehelich lebendgeborenen Kinder und im Nenner die gesamte männliche Bevölkerung sowie die ledigen und die an der Proliferation wegen ihres Lebensalters unbeteiligten weiblichen Personen.

Während die spezielle Fertilitätsrate auf die Geburtenleistung der jeweils empirisch in einer Bevölkerung befindlichen verheirateten Frauen abgestellt ist, können mit weiter verengtem Ansatz aus der Beziehungszahl auch noch diejenigen Verzerrungen ausgeschaltet werden, die sich aus der zufällig im beobachteten Bestand gegebenen Altersgliederung der Müttergeneration ergeben können. Die Berechnung derartiger alters- und geschlechtsspezifischer Fertilitätsraten sowie weiterer Fruchtbarkeitsindikatoren setzt einen vorgeschalteten Standardisierungsschritt voraus. (Vgl. dazu die Ausführungen über Tafelmethoden unter Kapitel 432.2.)

Der wesentliche Unterschied zwischen Dichtezahlen und „speziellen" Beziehungszahlen liegt nicht auf der Ebene des formalen, sondern auf derjenigen des logischen Denkansatzes. Bei den „speziellen" Beziehungszahlen ist die Bezugsgrundlage so eindeutig vorgegeben, daß ein Kehrwert inhaltlich schwer zu interpretieren und als Indikator deshalb ungeeignet wäre.

312. Sozioökonomische Verteilungsmaßzahlen

Es ist üblich, empirische Verteilungen dadurch zu charakterisieren, daß Zentralitätsmaße als Indikatoren für das durchschnittliche Niveau bestimmt werden und daß die Variabilität der Elemente in Form von Maßzahlen über Streuung, Schiefe und Konzentration beschrieben wird.

Zweidimensionale Verteilungen sind schwieriger zu beschreiben; für wirtschaftspolitische Entscheidungen ist aber eine Orientierung an derartigen Indikatoren, insbesondere über regionale Verteilungen, häufig sehr nützlich. Räumliche Verteilungsmaßzahlen stellen, wie die eindimensionalen Indikatoren, das Niveau und die Variabilität einer Gesamtheit dar, indem das Datenmaterial auf eine Maßzahl reduziert wird; meist muß diese aber verbal oder diagrammatisch interpretiert werden, um den Informationsgehalt voll auszuschöpfen.

Demnach sind nicht alle Verteilungsmaßzahlen als operationale Indikatoren für Niveau und Verteilung geeignet; dennoch sei eingangs die gesamte Palette dieser Indikatoren vorgestellt:

Arten	1. Zentralitätsmaße				
	Lagemaße		Berechnete Mittelwerte		
ein-dimensional	Modus (Dichtester Wert)	Median (Zentralwert)	Arithmetisches Mittel	Geometrisches Mittel	Harmonisches Mittel
Symbol*	M_O	$\bar{x}_M$	$\bar{x}$	$\bar{x}_G$	$\bar{x}_H$
zwei-dimensional	.	Zentralpunkt	Schwerpunkt	.	.

Arten	2. Streuungs-, Symmetrie- und Konzentrationsmaße			Schiefemaße	Maße für die	
	Streuungsmaßzahlen				absolute	relative
					Konzentration	
ein-dimensional	Quantile, darunter Dezil + Quartil	Mittlere Abweichung	Standardabweichung		Münzner Winkler Herfindahl	Lorenz Gini
Symbol*	Q, D	δ	s	sk	H	G
zwei-dimensional	Ringe gleicher Streuung		.	.	.	.

*) Die im folgenden verwendeten Symbole und formalen Ausdrücke sollen die Orientierung erleichtern. Auf eine Ableitung wird verzichtet, weil die mathematisch-formalen Grundlagen der Statistik vorausgesetzt werden.

312.1. Maßzahlen der Zentralität

(1) Lagemaße

Modus und Median sind Zahlen, die empirisch innerhalb einer statistischen Reihe vorkommen. Deshalb eignen sie sich gut dazu, eine anschauliche Vorstellung von der Lage (dem Niveau) der jeweiligen Gesamtheit zu vermitteln.

Ist das mittlere Baualter von Gebäuden in dieser Gegend bei 5, bei 20 oder bei 50 Jahren zu suchen?

Modus

Zur Beschreibung der „mittleren Lage" einer Verteilung bietet sich der Modalwert insofern an, als er, definitionsgemäß, jene Klasse von Merkmalsausprägungen charakterisiert, der die Mehrzahl aller Einheiten zugeordnet wurde. Dieser „dichteste" Wert ist deshalb auch zur Hervorhebung einer häufig besetzten Gruppe innerhalb einer Systematik geeignet und damit zur Charakterisierung des Niveaus von kategorialen Daten.

Median

Mit dem Median (Zentralwert) wird in einer nach aufsteigendem Rang geordneten Reihe von Merkmalswerten jenes Element festgestellt, bei dem eine Aufteilung aller Einheiten in zwei gleich große Gruppen von Merkmalsträgern möglich wäre: Die Merkmalsausprägung dieses Elements ist der Median.

Die besondere Eignung des Median zur Strukturbeschreibung wird darin gesehen, daß mit diesem Indikator eine Information über die Symmetrie oder Schiefe einer empirischen Verteilung zu finden ist. In diesem Zusammenhang erscheint es sinnvoll, im Falle einer geraden Anzahl von Einheiten einen fiktiven Merkmalswert zu berechnen, wenn der Median nicht durch Abzählen der rangskalierten Einheiten als mittlerer Wert festgestellt werden kann. Hierfür ist zunächst $\frac{n+1}{2}$ als Niveaustelle zu fixieren; sodann wird aus den Daten der beiden benachbarten Einheiten das arithmetische Mittel berechnet und als Median ausgegeben. Dieser Ansatz wird im Zusammenhang mit der „Abgangsordnung" bei der Bestimmung eines chronologischen Mittelwertes wieder aufzugreifen sein. (Vgl. Kapitel 431.2.)

Im Falle klassifizierten Datenmaterials kann man sich den Aussagegehalt des Median im Wege einer graphischen Ermittlung verdeutlichen. Denn dort liegt der Median an der Schnittstelle einer Summenkurve aller Klassenhäufigkeiten mit der 50%-Parallelen zur X-Achse. Falls sich eine diagrammatische Abbildung wegen der Fülle des Zahlenmaterials verbietet, kann die Lage des Median innerhalb der Einfallsklasse nach dem Proportionalsatz berechnet werden. (Vgl. zur graphischen Ermittlung wie zur arithmetischen „Feinbestimmung" des Median das Vergleichsbeispiel nach Diagramm 11.)

Räumlicher Zentralpunkt

Die Beurteilung der räumlichen Verteilung von Einwohnern, Erwerbstätigen, ihrer Wohnungen und Arbeitsstätten wird mit einem Lageparameter möglich, der dem Zentralwert nachgebildet ist. Auszugehen wäre von einer Information darüber, wie die Einheiten (etwa die Personen der Wohnbevölkerung mit ihrem Wohnsitz) im jeweiligen Staatsraum lokalisiert sind. Im Modell sollten zwei Medianlinien gefunden werden, mit denen diese Fläche in 4 Teile mit jeweils gleicher Anzahl von lokalisierten Einheiten aufgeteilt würde; bei ungleicher Verteilung der Einheiten würden die Medianlinien also nicht senkrecht aufeinanderstehen. Auf alle Fälle gibt es aber einen Schnittpunkt der Linien, den räumlichen Medianpunkt. P. Flaskämper hat (1962) in überzeugender Weise dargelegt, daß ein Unterschied zwischen diesem (abstrakt vorzustellenden) Medianpunkt zu machen sei und dem (empirisch, für die Landesplanung und Stadtentwicklungsplanung praktikablen) Zentralpunkt. Der Medianpunkt ist dadurch charakterisiert, daß die Summe der Wege von jedem einzelnen Punkt (Wohnhaus in der Stadt/Gemeinde in der Region) parallel zu den Medianlinien kleiner ist als zu jedem anderen Punkt der Fläche; daraus ist die formale Definition des Medianpunkts aus der Bedingung abzuleiten:

3.04. $\sum [\,|\,(x_i - \bar{x}_M)\,| + |(y_i - \bar{y}_M)\,|\,] \stackrel{!}{=} \text{Min}$

mit x_i, y_i = Standort des Einzelobjekts auf der Fläche
$\bar{x}_M$ = Median in West-Ost-Richtung
$\bar{y}_M$ = Median in Nord-Süd-Richtung

Der Zentralpunkt ist demgegenüber als ein räumliches Lagemaß zu charakterisieren, mit dem die mittlere Verteilung der Bevölkerung (der Betriebsstätten usw.) als Punkt kleinster Abstandssumme definiert wird; anders gesagt, ist der Zentralpunkt der geometrische Ort für die geringste Entfernungssumme, wobei – wie beim Medianpunkt – mit der Anzahl der auf der Fläche (in Gemeinden oder in Kreisen) lokalisierten Wohn- oder Arbeitsstätten zu gewichten ist. Hiernach ergibt sich das Entfernungsminimum auf der Basis von Luftlinien.

Dieser abstrakte Zentralpunkt läßt sich konkretisieren, indem die Wegesummen zum Gegenstand der Mitteilung gemacht werden. Dazu müßten die effektiven Wegeentfernungen im Straßen- und Eisenbahnnetz kartographisch abgemessen und so aufgeteilt werden, daß in jeder Richtung die Wegesumme für die Einwohner (Arbeitnehmer, Patienten usw.) unterhalb oder oberhalb des räumlichen Mittelpunkts gleich groß wäre. Mit einem solchen „Vialpunkt" wäre beispielsweise, wie Flaskämper in Anlehnung an Vorschläge aus der Stadtplanungspraxis ausführte, der optimale Standort für einen Bahnhof oder für ein Messegelände zu bestimmen.

(2) Berechnete Mittelwerte

Arithmetisches Mittel

Das arithmetische Mittel

3.05. $\bar{x} = \dfrac{\sum x_i f_i}{\sum f_i}$

hat gute Eigenschaften dafür, als Strukturmaßzahl verwendet zu werden, denn mit ihm lassen sich das jeweilige Niveau und strukturelle Veränderungen in der Verteilung der Elemente über die Skala abzählbarer oder gemessener Merkmalsausprägungen deutlich beschreiben. Als wichtigste Eigenschaften des arithmetischen Mittels sind hervorzuheben

(α) die Summe der Abweichungen der Merkmalsausprägungen ist gleich Null
(β) die Summe der Abweichungsquadrate ist ein Minimum
(γ) auch extrem abweichende Merkmalsausprägungen werden bei der Durchschnittsbildung berücksichtigt.

Überdies ist es möglich, $\bar{x}$ mit vereinfachtem Rechenansatz festzustellen, zumal bei klassifiziertem Datenmaterial. Diese formalen Eigenschaften des arithmetischen Mittels erklären seine bevorzugte Stellung für die induktiven Schätzverfahren der analytischen Statistik. In der Wirtschaftsstatistik können gelegentlich Bedenken gegen die arithmetische Mittelung angebracht sein, besonders bei metrisch klassifiziertem Datenmaterial. Diese Bedenken seien im einzelnen begründet:

(a) Da die Extremwerte in den Mittelwert eingehen, kann die berechnete Maßzahl jeden Informationswert verlieren:

In der Berggemeinde R haben 120 bäuerliche Haushalte ein Jahreseinkommen von je ca. 25 000 DM. Innerhalb der Gemeindegrenzen befindet sich das Herrenhaus des Filmstars J., dessen Jahreseinkommen um 1 Mio. DM angesetzt sei. Das arithmetische Mittel für das Einkommen aller Haushalte in R wäre zu berechnen mit $\bar{x} = 33\,000$ DM; $\bar{x}$ wäre in einem solchen Fall als „Indikator" irreführend.

(b) Bei den häufig mit zunehmend breiteren Intervallen aufgestellten Klassenschemata erhebt sich die Frage nach der Berechtigung, mit der Klassenmitte zu operieren, wie das üblicherweise geschieht. Es sollte tatsächlich geprüft werden, ob die Annahme einer Gleichverteilung aller Elemente innerhalb der durch Klassengrenzen gebildeten Teilgesamtheiten haltbar ist. Ist die „Binnenklassenstreuung" durch einseitige Häufung an der oberen oder unteren Klassengrenze charakterisiert, so ergibt sich bei der „einfachen" Berechnung u. U. eine nicht unerhebliche Abweichung im berechneten Mittelwert gegenüber der Berechnung aus den Ursprungszahlen.

Wird beispielsweise das arithmetische Mittel für das steuerpflichtige Vermögen von natürlichen Personen aus den Spalten 1 und 2 der nachstehenden Tabelle untersucht, so ergibt sich mit Hilfe von Spalten 3 und 4 folgender Mittelwert:

$$\bar{x} = \frac{(151\,281)\,10^6}{503\,200} = 300\,638\,\text{DM}$$

Tabelle 4: Ergebnisse der Vermögenssteuerstatistik 1967 über die Verteilung der steuerpflichtigen natürlichen Personen auf die Größenklassen des Vermögens*)

Vermögensgruppe von ... bis unter ... DM Gesamtvermögen	Steuer-pflichtige Anzahl	Arbeitstabelle zur Berechnung von Hilfsgrößen für				
		das arithmet. Mittel		den Zentralwert		die graphische Darstellung
		Klassenmitt.		rel. Häufigkeit		
	f_i	x_i	$(x_i f_i)\,10^6$	f_i^1	f_i^1 cum	c_i**)
1	2	3	4	5	6	7
unter 50 000	66 200	25 000	1 655	0,132		1,324
50 000— 70 000	63 300	60 000	3 798	0,126	0,258	3,165
70 000—100 000	84 100	85 000	7 148,5	0,167	0,425	2,803
100 000—250 000	179 400	175 000	31 395	0,357	0,782	1,196
250 000—500 000	63 500	375 000	23 812,5	0,126	0,908	0,254
500 000—1 Mill.	27 400	750 000	20 550	0,054	0,962	0,055
1 Mill. und mehr	19 300	3 260 200***)	62 922	0,038	1,000	0,004
Insgesamt	503 200		151 281			

*) Quelle: Statistisches Jahrbuch 1974, XX/3, S. 417.
**) c_i relativiert die Merkmalsdichte in bezug auf das Klassenintervall.
***) Zur Berechnung des arithmetischen Mittels ist es erforderlich, die offene Flügelklasse zu schließen. Das ist in diesem Fall möglich, weil in der zitierten Tabelle das Gesamtvermögen dieser Gruppe gesondert ausgewiesen ist: nämlich mit 62 922 Mill. DM. Bei Annahme einer Gleichverteilung innerhalb dieser Klasse ist die Klassenmitte dieser „offenen" Klasse zu berechnen aus

$$\frac{62\,922 \cdot 10^6}{19\,3000} = 3\,260,2\,\text{Mill. DM}$$

Eine Abschätzung der aus der Klassifikation des Datenmaterials entstehenden Verzerrung läßt sich in diesem Fall im Wege einer elementaren Gegenrechnung mit anderen Tabellenwerten durchführen, weil im zitierten tabellarischen Ausweis an anderer Stelle auch die Summe des Gesamtvermögens zu finden ist. Daraus ergibt sich ein Durchschnittsbetrag je Steuerpflichtigem mit $\frac{(144\,887)\,10^6}{503\,200} = 287\,931.-$ DM. Der aus dem klassifizierten Material berechnete Mittelwert differiert also um rund 13 000,– DM vom tatsächlichen arithmetischen Mittel. Beide Zentralitätsmaße deuten aber darauf hin, daß die Vermögensverteilung auf dem Niveau der Klasse 250 000 bis 500 000 DM zentriert wäre.

Dies kann angesichts einer graphischen Darstellung des Verteilungsbildes wenig überzeugen:

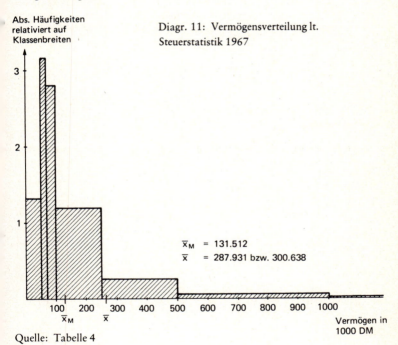

Diagr. 11: Vermögensverteilung lt. Steuerstatistik 1967

Quelle: Tabelle 4

Bei der Verteilung im Histogramm muß die flächengerechte Aufteilung der Häufigkeiten auf die Klassen beachtet werden; das geschieht durch Bezugnahme der Merkmalsdichte auf die Klassenbreite, wie in Spalte 7 von Tabelle 4 angegeben.

Wie in zahlreichen ähnlich gearteten Tabellen der amtlichen Wirtschaftsstatistik, erscheint es hier angebracht, mit dem Zentralwert zu argumentieren. Wegen der für unterschiedliche Klassenbreiten ermittelten relativen Besetzungshäufigkeiten wäre im Falle der Feinberechnung von $\bar{x}_M$ die übliche Formel zur rechnerischen Bestimmung des Medians wie folgt abzuwandeln:

3.06. $\quad \bar{x}_M = G + b_i \dfrac{\frac{1}{2}(\sum f_i^l \text{ cum}) - (\sum (f_i^l \text{ cum}) u}{(\sum f_i^l) e}$

mit G = Untergrenze der Einfallsklasse, die sich aus den relativen Häufigkeiten ablesen läßt: 100 000—250 000
b_i = Klassenbreite der Einfallsklasse
$\sum f_i^l \text{ cum}$ = 1
$\sum (f_i^l \text{ cum}) u$ = Summe der unterhalb der Einfallsklasse kumulierten Häufigkeiten
$(\sum f_i^l) e$ = Merkmalshäufigkeit in der Einfallsklasse

Im Beispiel ergibt sich somit

$$\bar{x}_M = 100\,000 + 150\,000 \left(\dfrac{0{,}5 - 0{,}425}{0{,}357}\right) = 131\,512{,}-\text{ DM}$$

Mittels des (einfacheren) graphischen Verfahrens ergibt sich (ohne daß die Besetzung der Klassen über 250 000 DM überhaupt zu berücksichtigen wäre) dasselbe Bild:

Diagr. 12: Graphische Ermittlung des Zentralwerts für die Vermögensverteilung 1967

Quelle: Tabelle 4

Dieses Ergebnis zeigt erstens ganz deutlich, daß die Aufteilung der Steuerpflichtigen auf großes und weniger hohes Vermögen bei 131 000,– DM liegt – also in die Größenklassen 100 000–250 000 fällt. Mit $\bar{x}$ würde das Niveau dieser Verteilung unrichtig wiedergegeben. Zweitens läßt der Unterschied zwischen den beiden arithmetischen Mitteln den Schluß zu, daß die zur Berechnung von $\bar{x}$ zu treffende Annahme einer Gleichverteilung der Merkmalsträger innerhalb der Klassen hier nicht haltbar ist.
Überdies wirkt sich im Vergleich zum Median die extrem linkssteile Verteilung aus (vgl. dazu Kapitel 312.3.).
Nach der Niveaubestimmung über den Median wird folgendes deutlich:

$\bar{x}_M \leqq \bar{x}$ ungruppiert $\leqq \bar{x}$ gruppiert

131 512   287 931   300 638

Abschließend sei betont, daß sich die Brauchbarkeit der einzelnen Zentralitätsmaßzahlen als Indikatoren für das strukturbestimmende Niveau eines Sachverhalts nicht generell beurteilen läßt; sie hängt im wesentlichen vom Informationsbedürfnis ab, aber auch vom gegebenen Zahlenmaterial.

Räumlicher „Schwerpunkt"

Die normalen Eigenschaften des arithmetischen Mittels werden genutzt, wenn nach dem Modell des Bevölkerungsschwerpunktes für empirische zweidimensionale Verteilungen, nämlich für die räumliche Verteilung von Einheiten auf der Fläche, ein Indikator gesucht wird.
Wie von F. Burkhardt (1929) entwickelt und (1938) nach der Theorie der komplexen Zahlen dargestellt, ist dabei von folgender Modellvorstellung auszugehen. Die jeweilige Region wird, nach ihren geographischen Grenzen zugeschnitten, als gewichtslose Scheibe gedacht, auf der jede Einheit (Person, Betrieb usw.) mit individuell gleichem Gewicht an je einem bestimmten Punkt lokalisiert ist. Als Schwerpunkt findet sich dann ein und nur ein Punkt auf der Scheibe, in dem sie (schwebend aufgehängt oder von unten gestützt) im Gleichgewicht zu halten wäre, wenn die Ungleichverteilung der Einheiten auf der Fläche abgefangen werden sollte.
Um den Schwerpunkt „lokalisieren" zu können, muß die „Scheibe" mit Hilfe eines Gitternetzes von Längen- und Breitengraden in Karrees eingeteilt werden. Damit wird es möglich, die Verteilung der Einheiten als Punkte geometrisch zu fixieren, so daß an-

schließend in beiden Richtungen das arithmetische Mittel berechnet werden kann. Somit wäre dieser Denkansatz wie folgt zu formulieren:

3.07. $L = \dfrac{e_1 l_1 + e_2 l_2 + \cdots + e_m l_m}{\sum\limits_{i=1}^{m} e_i} = \dfrac{\sum\limits_{i=1}^{m} e_i l_i}{\sum\limits_{i=1}^{m} e_i}$

$B = \dfrac{e_1 b_1 + e_2 b_2 + \cdots + e_m b_m}{\sum\limits_{i=1}^{m} e_i} = \dfrac{\sum\limits_{i=1}^{m} e_i b_i}{\sum\limits_{i=1}^{m} e_i}$

mit l_i = geographische Länge des Ortes i
b_i = geographische Breite des Ortes i
e_i = Zahl der Bewohner (Beschäftigte ...) des Ortes i
i = 1, 2, ..., m Nummer des Ortes
L = geographische Länge des Schwerpunkts
B = geographische Breite des Schwerpunkts

In der Verwaltungspraxis wird dieses Zentralitätsmaß nicht selten als Indikator für die Standortbestimmung von Frauenkliniken, Bahnhöfen, Mittelpunktschulen usw. verwendet. Die Aussagekraft dieses Indikators wird in Diagr. 12a demonstriert.

Diagr. 12a: Wanderung des Bevölkerungsschwerpunkts in den USA (1790–1970)

Quelle: U. S. Bureau of the Census 1973

Veränderungen in der Bevölkerungsverteilung (Wanderungen) oder in den Standortbedingungen für Arbeitsstätten können offensichtlich eine nicht unbeträchtliche Verlagerung des Schwerpunkts bewirken.

Verfahrenstechnisch ist die Bestimmung des Schwerpunkts nur mit groben Vereinfachungen möglich. Das Datenmaterial liegt nach Gemeinden und dort allenfalls nach Zählbezirken aufgeteilt vor. Die Lokalisierung von Personen, Arbeitsstätten, Kraftfahrzeugen usw. erfolgt deshalb meist dadurch, daß die Gesamtzahl gemeindeweise dem Ortsmittelpunkt angelastet wird. Die Berechnung des Mittelwertes läuft sodann iterativ von einem vermuteten Nullpunkt aus, wobei von der Minimumeigenschaft des arithmetischen Mittels Gebrauch gemacht wird. Die nach der ersten Rechnung ermittelten Abweichungen vom Hilfsursprung zeigen an, in welcher Richtung und in welchem Ausmaß eine Koordinatenverschiebung vorgenommen werden sollte, um die Abweichungsquadratsumme zu minimieren. (Wegen der eingesetzten Grobzahlen ist der „wahre" Schwerpunkt ohnehin nur approximativ festzustellen.) Im Zuge der Einrichtung von Datenbanken auf Koordinatenbasis hat dieser Indikator jedoch für die Stadtentwicklungsplanung wie für die Regionalplanung in jüngster Zeit zunehmende praktische Bedeutung gewonnen[3].

Harmonisches Mittel

Formal ist das Harmonische Mittel weniger durchsichtig als der arithmetische Durchschnitt; es ist definiert mit

3.08. $$\bar{x}_H = \frac{n}{\frac{1}{x_1} + \frac{1}{x_2} + \cdots + \frac{1}{x_n}}$$

mit $n =$ Zahl der Reihenglieder

Dieser formale Ansatz kennzeichnet deutlicher als eine verbale Definition diesen Mittelwert, der relativ selten angewandt wird: er ist der reziproke Wert des arithmetischen Mittels aus den reziproken Werten der ursprünglichen Reihenwerte. Hinzuweisen ist aber darauf, daß die aggregierte Indexformel nach Paasche wie das harmonische Mittel konstruiert wurde. (Vgl. dazu Kapitel 422.2.)

---

[3] Ein FORTRAN IV-Programm zur Berechnung des Schwerpunktes und des Zentralpunktes wurde von K. A. Schäffer, Universität Köln, entwickelt.

Geometrisches Mittel

Die formale Definition lautet:

3.09. $\bar{x}_G = \sqrt[n]{x_1 \cdot x_2 \cdot \ldots \cdot x_n}$

Es wird also die n-te Wurzel aus dem Produkt der n Reihenglieder gezogen.

Im Zusammenhang mit der Strukturbeschreibung spielt das geometrische Mittel keine Rolle; es sei jedoch erwähnt, weil es bei der Durchschnittsbildung von Wachstumsraten und in der Indextheorie gebraucht wird. (Vgl. dazu Kapitel 421.1. und 422.2.)

312.2. Streuungsmaße

Mit Hilfe von Streuungsmaßen wird eine Information darüber gegeben, wie treffsicher eine Reihe durch das eine oder andere Zentralitätsmaß charakterisiert wird. Damit wird die Indikatorfunktion der Mittelwerte verbessert. Denn für sich allein bietet der im Mittelwert gewonnene Hinweis auf das Niveau der Verteilung insofern keine auskömmliche Information, als die Abweichung der einzelnen Reihenwerte vom Mittelwert mehr oder weniger groß sein kann. Eine dichte Scharung der Einzelwerte um den Mittelwert wird durch eine niedrige Maßzahl für die Streuung angezeigt: in diesem Falle hätte der Mittelwert eine starke Aussagekraft.

Die verschiedenen Streuungsmaße unterscheiden sich voneinander primär dadurch, daß die von ihnen abzulesende Information jeweils auf bestimmte Mittelwerte ausgerichtet ist. Außerdem läßt sich eine Unterscheidung der Streuungsmaße danach treffen, auf welche Art und Weise die Abweichungen festgestellt und wie streng mit ihnen die Verteilung gemessen werden kann.

In vielen Fällen genügt es schon, die Spannweite (range) zwischen niedrigstem und höchstem Wert bekanntzugeben. Dieses grobe Streuungsmaß bringt bei sehr breiter Verteilung keine informative Aussage.

Als absolute Streuungsmaße kommen Quantile, die einfache mittlere Abweichung und die Standardabweichung in Frage.

Zur Eingrenzung des Median sind die Quartilsabstände häufig recht brauchbar. Da die größenmäßige Anordnung der Reihenglieder im Falle diskreter Merkmale ohnehin zur Feststellung des Mittelwerts erfolgen muß, kann die gesamte Verteilung in gleich große

„Quantile" eingeteilt werden, z. B. in Dezile oder Quartile. Das zweite Quartil Q_2 ist identisch mit dem Median. Zwischen erstem und dritten Quartil liegt die Hälfte aller Merkmalsträger. Von daher ergibt sich als Streuungsmaß der Semiquartilsabstand.

3.10. $Q_{3/1} = \dfrac{Q_3 - Q_1}{2}$

Für das Beispiel in Tabelle 4 errechnet sich $Q_{3/1}$ mit:

$$Q_{3/1} = \frac{286\,956{,}5 - 68\,823{,}5}{2} = 109\,066{,}5$$

Komplizierter ist die Berechnung der durchschnittlichen Abweichung δ. Hierfür werden zunächst die Abstände zwischen sämtlichen Reihenwerten und dem Mittelwert in ihrer absoluten Größe ermittelt: $(x_i - \bar{x}_M)$ bzw. $(x_i - \bar{x})$. Danach wird das arithmetische Mittel dieser (absolut gesetzten) Abweichungen berechnet.

3.11 a. $\delta = \dfrac{\sum |x_i - \bar{x}_M|}{n}$ bzw. $\dfrac{\sum |x_i - \bar{x}|}{n}$

oder im Falle von Frequenzreihen

3.11 b. $\delta = \dfrac{1}{\sum f_i} \sum |x_i - \bar{x}_M| f_i$ bzw. $\dfrac{1}{\sum f_i} \sum |x_i - \bar{x}| f_i$

Für das Beispiel aus Tabelle 4 ergibt sich

δ (bezogen auf $\bar{x}_M$) = 244 459 DM
δ (bezogen auf $\bar{x}$): = 294 630 DM

Als wichtigstes und meist gebrauchtes Streuungsmaß gilt für sämtliche Verfahren der analytischen Statistik die Varianz:

3.12. $s^2 = \dfrac{\sum (x_i - x)^2}{n}$ oder $\dfrac{1}{\sum f_i} \cdot \sum (x_i - \bar{x})^2 \cdot f_i$

Da sich in der Varianz größere Abweichungen zufolge der Quadrierung stärker auswirken als geringe, wird vermieden, daß ein Mittelwert als hinreichend repräsentativ interpretiert wird, der durch wenige, einseitig extreme Abweichungen stark nach unten oder oben verschoben wurde. Mathematisch gilt dieses Streuungsmaß als hervorragend, weil sich aus ihm die Begründung der sog. Minimumeigenschaft des arithmetischen Mittels ergibt. Besonders nützlich ist es beim Schluß von Stichproben auf die Grundgesamtheit sowie bei allen Testverfahren. Demgegenüber ist die Bekanntgabe dieses Streuungsmaßes für die Strukturbeschreibung nicht üblich.

Vielmehr wird hierbei mit der Wurzel der Varianz, der Standardabweichung s, gearbeitet, welche die gleiche Dimension hat wie der zugehörige Mittelwert (kg, cm, usw.).

Für das in Tabelle 4 dargestellte Beispiel errechnet sich die Standardabweichung

$$\text{über } s^2 = 378\,319\,350 \text{ DM}$$
$$\text{mit } s = 615\,076 \text{ DM}$$

Um die statistischen Verteilungen aus verschiedenen Erhebungen oder mit verschiedenen Mittelwerten zu vergleichen, können relative Streuungsmaße herangezogen werden. Einmal kann die Standardabweichung relativiert werden, indem sie in Prozenten des arithmetischen Mittels ausgedrückt wird. Der so gebildete Variationskoeffizient CV (Coefficient of Variation) ist als dimensionslose Größe ebenso vom Umfang des Kollektivs wie von den Maßeinheiten der Elemente unabhängig. Entsprechend kann ein Variationskoeffizient für die durchschnittliche Abweichung δ berechnet werden, indem diese zum Zentralwert oder zum arithmetischen Mittel ins Verhältnis gesetzt wird; und schließlich kann auch der relativierte Quartilsabstand eine anschauliche Charakterisierung verschiedener Verteilungen bieten.

Für das Beispiel aus Tabelle 4 errechnet sich der Variationskoeffizient wie folgt:

für δ (berechnet aus $\bar{x}$): $\dfrac{294\,630}{300\,638} \cdot 100 = 98\%$

für δ (berechnet aus $\bar{x}_M$): $\dfrac{244\,459}{131\,767} \cdot 100 = 185{,}5\%$

für s: $\dfrac{615\,076}{300\,638} \cdot 100 = 204{,}6\%$

für $Q_3 - Q_1$: $\dfrac{286\,956{,}5 - 68\,823{,}5}{131\,767{,}2} \cdot 100 = 165\%$

Ausdrücklich sei erwähnt, daß sich für die räumlichen Mittelwerte (Zentralpunkt und Schwerpunkt) durch Berechnung von δ oder s Ringe gleicher Streuung zeichnen lassen.

312.3. Schiefemaße

Ein weiterer Typ von Indikatoren für die Verteilung einer Gesamtheit auf einzelne Merkmalswerte sind die Schiefemaße. Mit ihrer Hilfe kann festgestellt werden, ob sich die Elemente einer statistischen

Bestandsmasse symmetrisch um ihren Mittelwert verteilen. Liegt eine einseitige Ballung von Elementen über oder unter dem Mittelwert vor, so indizieren die Schiefemaße das Ausmaß der Asymmetrie. Grundsätzlich lassen sich zwei Arten der Schiefe unterscheiden: links- und rechtssteile Verteilungen.

(Vgl. dazu Diagramm 11 mit der extrem linkssteilen Verteilung der Steuerpflichtigen auf Vermögensklassen.)

Die Richtung der „skewness" wird durch das Vorzeichen des Schiefemaßes angezeigt: bei linkssteiler Verteilung der Merkmalsausprägungen ergibt sich ein positiver Indikator.

Zur Bestimmung der Schiefe in bezug auf das arithmetische Mittel kann entweder auf die Differenz zum Modus oder zum Median abgestellt werden. Auch die relativen Entfernungen zwischen $\bar{x}_M$ und dem jeweils zugehörigen oberen und unteren Quartil lassen sich zu einem Indikator über Ausmaß und Richtung der asymmetrischen Verteilung verdichten.

Für das Beispiel aus Tabelle 4 errechnen sich folgende Indikatoren über die Struktur der Häufigkeitsverteilung von Steuerobjekten:

3.13a. Pearsonsches Schiefemaß: $\quad sk_P = \dfrac{\bar{x} - Mo}{s} = +0{,}39$

3.13b. Yulesches Schiefemaß: $\quad sk_Y = \dfrac{3(\bar{x} - \bar{x}_M)}{s} = +0{,}82$

3.13c. Bowleysches Quartilsmaß der Schiefe: $\quad sk_B = \dfrac{(Q_3 - \bar{x}_M) - (\bar{x}_M - Q_1)}{Q_3 - Q_1} = +0{,}42$

312.4. Konzentrationsmaße

Unter den sozioökonomischen Verteilungsmaßzahlen gebührt den Konzentrationsmaßen besondere Aufmerksamkeit. Wie H. Kellerer (1960) und E. Schaich (1971) gezeigt haben, sind einzelne Konzentrationsmaße als Gliederungszahlen, andere als spezielle Streuungsmaße anzusehen, je nachdem, welche Fragestellung zu beantworten ist. Aus dem Wort „Konzentration" wird ersichtlich, daß ein Indikator für die Vereinigung (hier: Ballung von Merkmalsausprägungen) in einem Mittelpunkt (hier: bei einem Merkmalsträger oder einer Klasse von Merkmalsträgern) gesucht wird. Dabei können zwei wesensverschiedene Tatbestände Gegenstand der Betrachtung sein.

Frage-stellung	Stand der Konzentration im Zeitpunkt t		Vorgang der Konzentration zwischen den Zeitpunkten t_1 und t_n
Erscheinungs-formen	Statische Konzentration		Dynamische Konzentration
	Absolute Konzentration	Relative Konzentration	
Definition	Ballung eines großen Anteils des Gesamtmerkmalsbetrages auf einen (oder einige wenige) Merkmalsträger	„Disparität" (= Ungleichmäßigkeit) in der Aufteilung eines Gesamtmerkmalsbetrages auf eine gegebene Anzahl von Merkmalsträgern	Vorgang einer Verdrängung bzw. Aufsaugung vieler kleiner durch einzelne größere Institutionen

In der politischen Diskussion gilt der Prozeß einer Veränderung der Verteilung zwischen zwei Beobachtungszeitpunkten als Konzentration, nämlich die Verdrängung kleiner Institutionen durch größere Körperschaften (wie die von Mittel- und Kleinbetrieben durch große Unternehmen; kleinerer Interessenverbände und Parteien durch übergreifende Organisationen). Die für solche Vorgänge im Schrifttum vorgeschlagenen dynamischen Konzentrationsmaße, die allenfalls im Zusammenhang mit den Indikatoren zur Prozeßstatistik vorzustellen wären, haben eine begrenzte Aussagefähigkeit; ihre Behandlung ist deshalb im gegebenen Rahmen nicht vorgesehen.

Die Maßzahlen für die statische Konzentration können demgegenüber sehr aufschlußreich sein, weil sie eine unmittelbare Information über die Ungleichmäßigkeit von strukturellen Verteilungen liefern.

(1) Zur Messung der absoluten Konzentration
Als absolute Konzentration wird die überproportionale Anhäufung („Ballung") von Teilen des gesamten Merkmalsbetrages auf einige wenige Merkmalsträger oder -klassen bezeichnet.
Die Vermutung einer Konzentration läßt sich visuell prüfen, indem die Aufteilung der Merkmalswerte auf die Kategorien oder Größenklassen tabellarisch oder graphisch vorgestellt wird. So zeigt etwa eine Gegenüberstellung der Aufteilung sämtlicher Aktionäre und des gesamten Aktienbesitzes nach vorgegebenen Größenklassen für die Firma A folgendes Bild.

Tabelle 5: Die Aktionäre der Aktiengesellschaft A nach ihren Besitzanteilen

Nominalkapital in DM	Aktionäre		Besitz	
	Anzahl	%	Mill DM	%
50 – 1 000	173 000	51,2	67,5	5,2
1 050 – 5 000	121 300	35,9	271,9	20,9
5 050 – 10 000	24 700	7,3	170,8	13,1
10 050 – 50 000	16 800	5,0	309,3	23,8
50 050 – 100 000	1 300	0,4	78,4	6,1
über 100 000	900	0,2	402,1	30,9
Insgesamt	338 000	100,0	1 300,0	100,0

Sowohl aus der Tabelle, als auch aus dem Diagramm ergibt sich, daß offensichtlich eine „Konzentration" der Aktionäre auf die Klasse der Aktieninhaber mit 50 bis 1 000 DM Nominalkapital (Kleinaktionäre) und eine „Konzentration" des Aktienbesitzes bei den Großaktionären (0,2 % aller Aktionäre halten fast 31 % des Aktienkapitals) besteht.

Diagr. 13: Die Aktionäre nach ihren Besitzanteilen

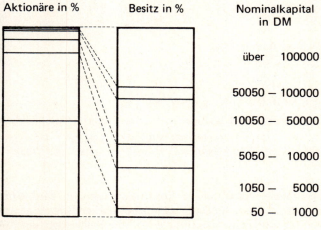

Quelle: Tabelle 5

Für die Gewinnung von Konzentrationsmaßen sind, von der visuellen Bestätigung einer Ungleichverteilung ausgehend, lediglich die zur Bildung von Strukturmaßzahlen geltenden Grundsätze auf die Fragestellung der Konzentration zurechtzuschneiden. Dazu werden die vorliegenden Gliederungszahlen herangezogen. So wird bei den meisten Konzentrationsmaßen von den kumulierten Anteilswerten aus argumentiert.

Als optimale Maßzahl für die Stärke der absoluten Konzentration gilt die von O. C. Herfindahl (1955) entwickelte Maßzahl H: Wie aus Formel 3.14. ersichtlich, stellt bei diesem Konzentrationsmaß die Summe der quadrierten Anteilswerte den Vergleichsmaßstab dar. (Die Summierung läuft über sämtliche Merkmalsträger.)

$$3.14a. \quad H = \sum_{i=1}^{n} \left(\frac{x_i f_i}{\sum_{i=1}^{n} x_i f_i} \right)^2$$

Das Konzentrationsmaß von Herfindahl ist definiert im Bereich $\{0 \leq H \leq 1\}$.

Im Falle vollständiger Konzentration nimmt H den Wert 1 an. Auf den Merkmalsträger j entfallen 100% des gesamten Merkmalsbetrages, d. h. $x_j f_j = \sum_{i=1}^{n} x_i f_i$. Bei vollständiger Nichtkonzentration (absolute Gleichverteilung des Merkmalsbetrages auf alle Merkmalsträger) wird H zu $\frac{1}{n}$. Demnach gilt: $\frac{x_i f_i}{\sum_{i=1}^{n} x_i f_i} = \frac{1}{n}$ für alle i und daraus folgt:

$$3.14b. \quad H = \sum_{i=1}^{n} \left(\frac{1}{n}\right)^2 = n \cdot \left(\frac{1}{n}\right)^2 = \frac{1}{n}.$$

Für den Grenzfall $n \to \infty$ gilt: $H \to 0$

Im Beispiel aus Tabelle 5 bestimmt sich H wie folgt:
$$H = \left(\frac{67,5}{1300}\right)^2 + \left(\frac{271,9}{1300}\right)^2 + \left(\frac{170,8}{1300}\right)^2 + \left(\frac{309,3}{1300}\right)^2 + \left(\frac{78,4}{1300}\right)^2 + \left(\frac{402,1}{1300}\right)^2$$
$$= 0,22$$

Der operationale Vorteil dieses Konzentrationsmaßes wird darin gesehen, daß in diesen Indikator sämtliche Merkmalsträger gemäß ihrer relativen Bedeutung eingehen, so daß die Reihenfolge der Anordnung keine Rolle spielt. Es wird an dieser Stelle darauf verzichtet, weniger ergiebige Maßzahlen der absoluten Konzentration vorzuführen.

Versuche, die absolute räumliche Konzentration von Einwohnern, Betrieben u. ä. auf eine entsprechende Weise zu charakterisieren, sind bisher meist fehlgeschlagen, weil die hierfür erforderlichen lokalisierten Merkmale für die Einheiten auf der geographischen Fläche nicht verfügbar sind. Jedoch ergeben bestimmte Mittelwerte sowie Abstandsziffern und Zentralitätsmaße für Fragen der kommunalen Entwicklungsplanung interpretierbare Indikatoren über die Ungleichverteilung von Wohn- und Arbeitsstätten innerhalb von Stadtregionen, sofern die erforderlichen städtestatistischen Daten vorliegen.

(2) Zur Messung der relativen Konzentration

Lorenzkurve

Eine relative Konzentration ist gegeben, wenn ein großer Anteil des gesamten Merkmalsbetrages auf einen geringen Anteil der Merkmalsträger entfällt. In Anlehnung an eine von M. O. Lorenz (1905) entwickelte Form der graphischen Darstellung wurden einige sehr informative Konzentrationsmaße entwickelt, die in der wirtschaftswissenschaftlichen Diskussion häufig gebraucht werden.

Die Konstruktion der graphischen Darstellung beruht darauf, daß die relativen kumulierten Häufigkeiten der Merkmalsträger (p_i) auf der Abszisse und die der Merkmalsbeträge (q_i) auf der Ordinate abgetragen werden, wobei die Merkmalsträger unbedingt der Größe nach geordnet sein müssen, was im Falle klassifizierten Materials unproblematisch ist. Die Technik der Darstellung beruht darauf,

(α) auf der Abszisse die kumulierten Anteile der Merkmalsträger abzutragen:

3.15. $\quad p_i = \sum_{j=1}^{i} \dfrac{f_j}{\sum_{j=1}^{n} f_j}$

Auf diese Weise wird etwa mit p_3 der kumulierte Anteil der 1., 2. und 3. Merkmalsträger(-gruppe) bestimmt.

(β) auf der Ordinate für die Merkmalsträger den kumulierten Anteil am gesamten Merkmalsbetrag abzutragen:

3.16. $\quad q_i = \sum_{j=1}^{i} \dfrac{f_j x_j}{\sum_{j=1}^{n} f_j x_j}$

Im Falle klassifizierten Materials muß hierbei unterstellt werden, daß mit x_i als Klassenmitte die Verteilung der Elemente in der Klasse richtig wiedergegeben ist.

Tabelle 6: Arbeitstabelle zur Berechnung der Lorenzkurve

Klasse	Häufigkeit (f_i)				Merkmalsbetrag (x_i) Klassenmitte					
	absolut f_i		p_i		$x_i f_i$		$\dfrac{x_i f_i}{\Sigma x_i f_i}$		q_i	
	A	B	A	B	A	B	A	B	A	B
0 bis unter 20	45	85	0,45	0,85	450	850	0,15	0,54	0,15	0,54
20 ,, ,, 40	30	5	0,75	0,90	900	150	0,30	0,10	0,45	0,64
40 ,, ,, 60	10	8	0,85	0,98	500	400	0,17	0,26	0,62	0,90
60 ,, ,, 80	10	1	0,95	0,99	700	70	0,23	0,04	0,85	0,94
80 ,, ,, 100	5	1	1,00	1,00	450	90	0,15	0,06	1,00	1,00
Insgesamt	100	100			3000	1560				

Aus der Verbindung der Punkte (p_i, q_i) ergibt sich die Lorenzkurve.
In einem Modellbeispiel wird für zwei konkrete Häufigkeitsverteilungen (A) und (B) die Konstruktion der Lorenzkurve veranschaulicht:

Diagr. 14: Lorenzkurve für das Modellbeispiel

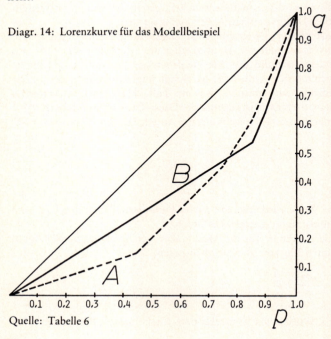

Quelle: Tabelle 6

Die Interpretation der Lorenzkurve orientiert sich an der Hilfslinie OB, der sog. Gleichverteilungsgeraden; sie wäre im Falle einer gleichmäßigen Aufteilung des Merkmalsgesamtwertes auf sämtliche Merkmalsträger(-gruppen) die zutreffende Abbildung der vollständigen Nichtkonzentration. Falls vollständige Konzentration herrscht, würde die „Kurve" durch die Punkte O (0;0), $L(1;0)$ und B(1;1) verlaufen.

Aus dieser Darstellung der Lorenzkurve ergibt sich die relative Konzentration optisch durch den Vergleich der empirisch ermittelten Kurve mit der Gleichverteilungsgeraden. Außerdem können zwei zeitlich oder räumlich unterschiedliche Verteilungen mittels der Lorenzkurve bezüglich ihrer mehr oder weniger starken Disparität verglichen werden, wenn sicher ist, daß die Anzahl von Merkmalsträgern unverändert blieb oder wenn eine entsprechende Standardisierung der Einteilung auf der Abszisse durchgeführt wird.

Gini-Koeffizient

Unter Verwendung des Modells der Lorenzkurve hat C. Gini (1938) den Weg gewiesen, wie sich ein Konzentrationsmaß geometrisch bestimmen ließe:

$$G = \frac{\text{Fläche } F \text{ zwischen der Hilfsgeraden } OB \text{ und der Lorenzkurve}}{\text{Fläche des Dreiecks } OLB}$$

G stellt somit das zweifache der Fläche zwischen der Hilfsgeraden und der Lorenzkurve dar.

Der von Gini entwickelte Koeffizient schreibt sich formal als:

3.17. $\quad G = \sum_{i=1}^{n-1} p_i q_{i+1} - \sum_{i=1}^{n-1} p_{i+1} q_i$

Eine rechnerische Auswertung zeigt, daß die Größe F nur Werte im Bereich $O \leq F \leq 0{,}5$ annehmen würde. In der Absicht, für die relative Konzentration einen Indikator zu erhalten, der bei vollständiger Nichtkonzentration den Wert Null annimmt, wird das Konzentrationsmaß nicht mit F, sondern mit dem in Formel 3.17. angegebenen Koeffizienten G bestimmt.

Die Problematik einer Messung der relativen Konzentration ist empirisch durch G. Fürst (1960) und theoretisch durch P. Lorenz (1965) sowie E. Schaich (1971) verdeutlicht worden.

Mit Hilfe des Konzentrationsmaßes von Gini kann nur die Konzentration als Abweichung von der Gleichverteilung (relative Konzentration) gemessen werden, nicht jedoch Veränderungen der absoluten

Konzentration. Bleibt diese Tatsache unberücksichtigt, kann sich das sog. „Paradoxon" der Lorenzkurve ergeben. Es tritt beim zwischenzeitlichen Vergleich auf, wenn nicht darauf geachtet wird, ob sich etwa zufolge der dynamischen Konzentration die Anzahl der Merkmalsträger in anderer Weise verändert hat, als die Aufteilung des Merkmalsbetrages.

So könnte eine Verringerung der Anzahl der Unternehmen einer Branche zu einem geringeren Wert für das Konzentrationsmaß G führen, obwohl die Marktanteile der verbleibenden Unternehmen gestiegen sind. Diese Zunahme der Marktanteile wird ebenfalls als Konzentration verstanden. Diese absolute Konzentration kann, wie dargestellt, durch das Konzentrationsmaß von Herfindahl gemessen werden.

Die begrenzte Aussagekraft des Gini-Koeffizienten tritt auch beim Vergleich verschiedener Konzentrationssituationen in Erscheinung. Wie unter anderem E. Schaich (1971) und W. Piesch (1975) gezeigt haben, gibt es eine Vielzahl von Fällen, in denen eine Veränderung der Konzentration zwar zu Verschiebungen des Verlaufs der Lorenzkurve führt, sich aber nicht auf den Gini-Koeffizienten auswirken kann, weil die Fläche zwischen Lorenzkurve und Gleichverteilungsgeraden gleich bleibt.

Ebenfalls problematisch erscheint das in der Praxis häufig zu findende Vorgehen, die Lorenzkurve um die unteren, bedeutungslos erscheinenden Klassen von Merkmalsträgern zu „stutzen", mit der Absicht, die Konzentration im oberen Bereich der Merkmalsklassen deutlicher in Erscheinung treten zu lassen.

32. Typisierende Beschreibung von sozioökonomischen Bestandsmassen

Strukturmaßzahlen reduzieren den tabellierten Befund so weit, daß sie unmittelbar zum Vergleich mit entsprechenden Indikatoren für andere Gesamtheiten verwendet werden können. Gelegentlich reichen sie jedoch inhaltlich nicht dafür aus, Teilgesamtheiten problemorientiert gegeneinander abzugrenzen. Diesem Zweck dient das Verfahren der statistischen Typisierung.

Die Methode der Typisierung ist wissenschaftstheoretisch durch M. Weber (1904) und für die statistische Theorie durch R. Meerwarth (1934) begründet worden. Die Typisierung zielt darauf ab, eine auf die Fragestellung gerichtete, absichtsvolle Gliederung der Gesamtheit herbeizuführen; das entspricht etwa dem Vorgehen des

Gesetzgebers, wenn er beispielsweise bei konjunktur- oder regionalpolitischen Maßnahmen fordert, es sollten „Schlüsselindustrien" begünstigt oder „das Zonenrandgebiet" gefördert werden, ohne daß verwaltungsrechtliche Abgrenzungskriterien für diese idealtypisch vorstellbaren Phänomene verfügbar wären.

Noch gibt es keine generalisierbare mathematisch-statistische Methode der Typisierung. Jedoch konnte O. Boustedt (1975) ein empirisch bewährtes Instrumentarium für Fragen der Regionalforschung vorführen, aus dem sich die Grundzüge des Verfahrens erkennen lassen. Überdies hat F. Schneppe (1970) anhand zahlreicher Beispiele dargelegt, daß es mittels mathematisch-statistischer Methoden, wie beispielsweise mit einem korrelations- oder faktorenanalytischen Ansatz, möglich sein müßte, die zuvor empirisch (nach dem Boustedt-Verfahren) typisierten Gesamtheiten auf ihre Stabilität zu prüfen. Schneppe hat auch den Unterschied zur speziellen Klassifikation herausgearbeitet. Dieser besteht darin, daß mittels der Klassifizierung versucht wird, die Elemente einer Gesamtheit nach den Ausprägungen eines einzelnen Merkmals zu gruppieren, während das Ziel des Typisierungsverfahrens darin besteht, eine Zergliederung der Ganzheit in solche Teilgesamtheiten zu erreichen, die sich durch übereinstimmende Merkmalskombinationen als strukturell unterscheidbare Gruppen darstellen lassen.

So können Industriestädte gegenüber Hafen- und Handelsstädten unterschieden werden; schulische oder sportliche Leistungen können durch Qualitätsbezeichnungen ebenso „typisiert" werden, wie Konsumgüter nach Handelsklassen, usw.

Je nach der Art der zur Typisierung herangezogenen Merkmale und nach dem über das Verfahren zu erzielenden Abstraktionsgrad der herausgearbeiteten „Strukturtypen" müssen folgende Methoden der Typisierung unterschieden werden:

Typisierung zur statistischen Beschreibung von Bestandsmassen	
Direkte Typisierung	Standardisierung
Unter Verwendung der im Tabellenprogramm vorgegebenen Klassifikationen wird die wesentliche Information hervorgehoben,	Unter Kombination mehrerer aus dem Datenmaterial errechneter Strukturmaßzahlen werden Modellgrößen entwickelt,
um die Struktur der Gesamtheit deutlich abzubilden	

Bei jedem denkbaren statistischen Typisierungsverfahren geht es darum, die beabsichtigte Verdichtung des tabellierten Zahlenmaterials herbeizuführen. Dazu sind zwei Denkschritte zu leisten:

1. Es muß eine Typisierungsvorschrift aufgestellt werden, in welcher jene Regeln aufzuführen sind, die zur Bildung der – im Sinne der Untersuchung – typischen Merkmalskombinationen beachtet werden sollen. Diese Regeln beziehen sich auf die Auswahl der dominierenden Merkmale und auf die Eignungsprüfung der Zahlenwerte in bezug auf die Charakterisierung der typischen Struktureigenschaften.

2. Für die so gebildeten „typischen" Gruppen äquivalenter Elemente müssen Benennungen gefunden werden, mit denen der besondere Charakter dieser Erscheinungen unmittelbar einsichtig wird. Je nach der Art des Typisierungsprozesses können dabei prägnante Buchstaben, Ziffern oder Kürzel symbolhaft verwendet werden; auch können Wörter aus der Alltagssprache oder Begriffe der fachwissenschaftlichen Terminologie gewählt werden.

321. Direkte Typisierung

Die direkte Typisierung geht von einer Spezifizierung bzw. Differenzierung der in den Tabellen enthaltenen statistischen Gesamtheiten aus. Je nach der Art der zur Spezifizierung herangezogenen Merkmale ergeben sich folgende Formen der Typisierung:

Herausarbeitung der Typen mittels kategorialer Variabler	Herausarbeitung der Typen mittels quantitativer Variabler	Kombination von mehreren Klassifikationsschemata

321.1. Typisierung anhand kategorialer Merkmale

Zur Typisierung werden nur Ausprägungen qualitativer Merkmale herangezogen, im einfachsten Fall nur diejenigen von ein oder zwei miteinander verbundenen kategorialen Merkmalen.

So erfolgt die Typisierung von Eisenbahnverbindungen nach der technischen Leistung der Lokomotiven (des Triebfahrzeugs) und der Ausstattung der Waggons zur Benennung: TEE/IC/D...

Mit Hilfe einer differenzierenden Typisierungsvorschrift ist zu erreichen, daß eine Mehrfachkombination qualitativer Merkmale erfolgt, um deutlich unterscheidbare „Typen" herauszuarbeiten:

Übersicht 12: Kategoriale Typisierung von Wohngebäuden nach Bauzustand und Versorgungseinrichtungen

Gebäudezustand und -versorgung	Typenbezeichnungen für Gebäude mit folgender Bauweise	
	massiv (Stein- und Skelettbauweise; Fachwerkbauten und Holzbauten unterkellert, ohne Rücksicht auf das Baujahr)	behelfsmäßig (nicht unterkellerte Fachwerkbauten vor 1900 und Holzbauten vor 1933)
Mangelnde Wasserversorgung (kein Anschluß an ein öffentliches Netz, sondern Pumpen, Brunnen usw.)	A	B
Normale Wasserversorgung, Mangelhafte Fäkalienbeseitigung (keine Kanalisation, keine Kläranlagen)	C	D
Mangelhafte Bedachung bei normaler Wasserversorgung und Fäkalienbeseitigung (Art des Dachbelags und Zeit seiner Aufbringung)	E	F
Ausreichende Ver- und Entsorgung und Bedachung	G	H

321.2. *Typisierung anhand ordinalskalierter Merkmale*

Die Typisierung anhand einer Ordinalskala zielt darauf ab, wesentliche qualitative Unterschiede mittels Punktwertung oder Benotung zu kennzeichnen.

Die Zuordnung einzelner Merkmalsträger zu einer „normalen" Leistungs- oder Bonitätsgruppe bzw. zu den Gruppen: „höher als ..."/ „weniger als ..." erfolgt über eine Skala, auf der irgendein Punktwert $P_i (i = 1, \ldots n)$ als typisch für die Qualität des zu beurteilenden Tatbestands T_i (sportliche Leistung, Gesundheitszustand, Reaktionsfähigkeit) angesehen werden soll. Wäre $P_6 > P_4$, so wäre daraus zu entnehmen, daß die Qualität des zu typisierenden Tatbestands T_6 über derjenigen von T_4 liegt.

Die Skala kann ebenso von einem Maximalwert wie vom Minimalwert ausgehen. Wird z.B. bei der Saatenstandsberichterstattung oder bei der Gut-Schlecht-Prüfung in der Qualitätskontrolle „normal" als Bezugspunkt gewählt, so könnte dieser Punkt mit der „Note (3) = befriedigend" charakterisiert werden. Die Typisierung erfolgt unter Bezugnahme auf den Normalstand, indem gut (2) oder sehr gut (1) durch eine abnehmende Punktzahl, ausreichend (4) oder ungenügend (5) durch mehr als die „normale" Punktzahl ausgedrückt werden. Die „Ordnung" kann auch von der Höchstpunktzahl (10) abwärts bis (1) vorgegeben werden, wie aufsteigend von einer Bestleistung (1) bis zu (10).

Eine solche Bonitätsskala erbringt hinsichtlich der Ordnung des jeweils typisierten Tatbestands mehr Information als dies auf dem Niveau der Nominalskala möglich wäre. Gehören zwei Objekte unterschiedlichen Kategorien an, so ermöglicht die Bonitätsskala über die Aussage hinaus: „sie sind voneinander verschieden" die Feststellung: „Objekt (m) ist hinsichtlich des typisierten Merkmals größer (höher/wichtiger/usw.) als Objekt (n)".

Vom Skalenniveau her ist es unzulässig, zu behaupten, eine Note 2 sei doppelt so gut (halb so schlecht) wie eine 4; erst recht ist die Berechnung einer Durchschnittsnote mathematisch und logisch sinnlos, wie T. Athanasiadis (1974) eindrucksvoll bewiesen hat. Die Typisierung bezieht sich ausschließlich auf die Abbildung der Bonität eines bestimmten Sachverhalts, nicht auf ihre Messung.

321.3. Typisierung mittels metrischer Merkmale

Das Typisierungsverfahren anhand vorgegebener Klassengrenzen ist aus der Verwaltungspraxis bekannt, etwa aus dem Steuerrecht (Freigrenzen), aus der Sozialpolitik (Einkommensgrenzen für Versicherungspflicht und für Anspruch auf Sozialwohnung). Für Kommunalpolitik und Regionalplanung ist die typisierende Benennung von Siedlungseinheiten üblich, die (unabhängig von verwaltungspolitischen oder -rechtlichen Normen) nach der Zahl der innerhalb von historischen Gemeindegrenzen ansässigen Wohnbevölkerung erfolgt. Auch hierbei handelt es sich also um eine Typisierung anhand einer einzigen Variablen, nämlich der Einwohnerzahl.

Übersicht 13: Siedlungseinheiten nach der Einwohnerzahl

Bezeichnung der Siedlungseinheit		Größenklasse der Einwohnerzahl
Symbol	Benennung	
A/1	Weltstadt Berlin-West, Hamburg, München	1 000 000 und darüber
A/2	Großstadt 1. Ordnung	500 000 – unter 1 000 000
A/3	Großstadt 2. Ordnung	200 000 – unter 500 000
B	Großstadt 3. Ordnung	100 000 – unter 200 000
C	Mittelstadt 1. Ordnung	50 000 – unter 100 000
D	Mittelstadt 2. Ordnung	20 000 – unter 50 000
E	Kleinstadt	10 000 – unter 20 000
F/1	Ländliche Kleinstadt	5 000 – unter 10 000
F/2	Landstadt	2 000 – unter 5 000
G	Landgemeinden	unter 2 000

Wie ersichtlich, dienen bei dieser Typisierungsvorschrift bestimmte, im tabellierten Material vorgegebene Klassengrenzen als Schwellenwerte, deren Überschreitung als Kriterium dafür gelten soll, daß die individuelle Einheit dem einen oder anderen Typ (hier also einem anderen Gemeindetyp) zugehört.

Eine solche einfache Typisierungsregel ist dann möglich und zweckmäßig, wenn es darum geht, den zu typisierenden Sachverhalt kartographisch darzustellen, weil dabei eine Region vollständig auf die gebildeten Typen aufgeteilt werden kann.

Die Schwellenwerte können dabei auch derart festgelegt werden, daß die Gruppenzugehörigkeit durch Unter- bzw. Überschreiten einer bestimmten Gliederungszahl bestimmt wird. Dieses Verfahren empfiehlt sich bei der Kombination von zwei oder mehreren Merkmalen, um den Informationsgehalt und die Brauchbarkeit der Ergebnisse zu steigern.

So läßt sich etwa ein Typisierungsschema entwickeln, in welchem sowohl die Gemeindegrößenklasse als auch der Anteil der landwirtschaftlichen Bevölkerung an der Wohnbevölkerung berücksichtigt wird: Ein Ort ist dann nicht mehr lediglich aufgrund seiner relativ geringen Einwohnerzahl oder eines hohen Anteils von Beschäftigten in der Landwirtschaft als Landgemeinde einzustufen, sondern nur, wenn beides zusammentrifft.

Bezüglich des zwischenzeitlichen und zwischenstaatlichen Vergleichs erscheint der Typisierungsvorschlag interessant, gleitende Schwellenwerte zu verwenden; selbst relativ große Orte werden dann den Landgemeinden zugerechnet, wenn der Anteil der landwirtschaftlichen Bevölkerung sehr hoch ist; je geringer dieser Anteil ausfällt, um so kleiner muß die Gemeinde sein, um noch dem Typ der Landgemeinde zugeordnet zu werden.

Übersicht 14: Gemeindetypisierung nach Siedlungsgrößenklassen und Anteil der Agrarbevölkerung

Anteil der landwirtschaftlichen Bevölkerung an der Erwerbsbevölkerung	G	F_2	F_1	E	D	C	A/B
	unter 2000	2000 bis unter 5000	5000 bis unter 10 000	10 000 bis unter 20 000	20 000 bis unter 50 000	50 000 bis unter 100 000	Großstädte
mehr als 80 v H	ländlich						
50 bis 80 v H			gemischt				städtisch
20 bis 50 v H							
unter 20 v H							

Anm.: Zur typisierenden Bezeichnung in der Kopfleiste vgl. Übersicht 13.

Quelle: in Anlehnung an Macura, M., Jedan nov kriterij za razgraničenje gradskog i seoskog stanovništva (Un critère nouveau pour la délimitation des populations urbaines et rurales), Belgrad 1954, S. 13, vervielfältigtes Manuskript, zitiert bei Boustedt, O., Ranz, H., Regionale Struktur- und Wirtschaftsforschung, Bremen-Horn 1957, S. 83, 188, 209.

Werden in eine derartige Typisierung weitere Kriterien eingebaut, etwa der Anteil der im „Produzierendem Gewerbe" beschäftigten Erwerbspersonen oder der Anteil der Auspendler an der Wohnbevölkerung (zur Hervorhebung des Wohncharakters einer Gemeinde oder eines Stadtbezirks), so ergeben sich mannigfache Einsichten in die strukturellen Grundlagen des Gemeindewesens. (Dazu haben H. Linde (1952) und O. Boustedt (1953) eindrucksvolle Modellvorstellungen entwickelt.)

322. Typisierung mittels Standardisierung

Die Zusammenstellung statistischer Daten zu einer typisierenden Aussage kann auch in der Weise vor sich gehen, daß auf sachgerecht ausgewählte oder auf konstruierte Standardwerte Bezug genommen wird. Ein solches Verfahren wird im allgemeinen Sprachgebrauch, aber auch in der betriebswirtschaftlichen Fachsprache als „Standardisierung" bezeichnet. Der engere Begriff der statistischen Theorie (Standardisierung einer Variablen) spielt hier allenfalls als Hilfsinstrument eine Rolle.

Die aus der Wirtschaftspraxis geläufigen Standardisierungsverfahren dienen besonders dem Abrechnungswesen.

So wird Tafelglas aller Art (Schaufenster-, Ornament-, Spiegelglas, usw.) über Einheiten des Fensterglases (m² einfache Dicke) verrechnet, um Gewichts- und Wertunterschiede für Versandanzeige und Wirtschaftlichkeitsrechnung vergleichbar zu machen. Im Rechnungswesen werden standardisierende Richtzahlen für die Kalkulation ermittelt (Standardkosten) usw.

Das statitische Standardisierungsverfahren folgt dieser Praxis. Die Bezugsgrundlage für die Typisierungsvorschrift kann in folgender Weise formuliert werden:

Relativierende Ermittlung einer Verrechnungseinheit als Vergleichsstandard aufgrund statistischer Maßzahlen	Konstruktion eines Modells für den Vergleich von imhogenen Gesamtgrößen mittels Kombination von Strukturmaßzahlen

322.1. Typisierung über Verrechnungseinheiten

Die Wahl einer Standardgröße zum Zwecke des typisierenden Vergleichs unterscheidet sich insofern von anderen Formen der Typisierung, als es erforderlich wird, die Zahlen auf eine Bezugsgröße umzurechnen, die ihrerseits mittels Relativierung gewonnen wurde. Voraussetzung für die Festlegung eines solchen Standards ist somit das Vorliegen von statistischen Informationen über den Stellenwert der Bezugsgröße unter sonst gleichen Eigenschaften.

Erstmalig ist eine solche Standardisierung von E. Engel (1857) vorgeschlagen worden, als er zur Abschätzung des Nahrungsmittelbedarfs für das Königreich Preußen eine Versorgungsbilanz aufstellen und den physiologischen Bedarf von Kindern und Erwachsenen relativiert in die Rechnung einsetzen wollte. Der von ihm als Standardeinheit ermittelte Nahrungsbedarf eines Neugeborenen (zu Ehren Quetelets als 1 Quet bezeichnet), galt als Maß der für Kinder, Jugendliche, Hausfrauen und erwerbstätige Männer abgestuften Bedarfsmengen. Somit ergibt sich der Bedarf einer „Vollperson" (bzw. der gesamten Bevölkerung) als Vielfaches von je 1 Quet.

Derartige aus Strukturmaßzahlen abgeleitete Indikatoren werden häufig für die Prozeßstatistik benötigt. Sie sind unentbehrlich für eine Quantifizierung der Produktionserträge, weil diese sich nur über eine Relativierung der Maßeinheiten für die erfaßbaren Mengenangaben (Stück, Gewicht, Länge, Fläche, Arbeitsstunden usw.) ausführen läßt.

In diesem Zusammenhang ist der Umrechnungsschlüssel für alle agrarstatistischen Struktur- und Wirtschaftlichkeitserhebungen zu erwähnen. Ursprünglich wurde die Ertragsrechnung im Ernährungssektor auf die Einheit Kalorie gestützt. Vitamingehalt und Mineralsalze wurden (als Faktoren einer Nebenrechnung auf Kalorien umgeformt) unter Bezugnahme auf die physiologischen Brennwerte gewertet. Als Bezugsgröße galt der Nährwert eines dz Getreides, quantifiziert mit 300 000 Kalorien.

Dieses Umrechnungsverfahren hat sich für Erzeugnisse von Intensivkulturen nicht bewährt; dennoch ist es bei internationalen Vergleichen der Erträge landwirtschaftlicher Massenproduktion noch gebräuchlich.

Mit besserem Erfolg wird dagegen die von E. Woermann entwickelte Bezugsgröße Getreidewerteinheit als Generalnenner für die Agrarproduktion verwendet: siehe Übersicht 15.

Mit dieser Recheneinheit wurde eine Kalkulationsgrundlage geschaffen, die zwischen verschiedenen Betriebsgrößenklassen und Bodennutzungssystemen einen Vergleich für die verbundene Produktion mehrerer landwirtschaftlicher Erzeugnisse zuläßt. Sämtliche Produkte werden auf den „Getreidewert" als standardisierte Größe umgerechnet. Dieser Nenner enthält den Nährgehalt der Agrarprodukte in Stärkeeinheiten, bezogen auf den durchschnittlichen Stärkegehalt der vier Getreidearten. Der Eiweißgehalt von Feldfrüchten wird mit dem 2,5-fachen der Stärkeeinheit bewertet. Die Berechnung des Reproduktionswertes von tierischen Erzeugnissen basiert auf der in Getreidewerteinheiten berechneten Nährstoffmenge, die zur Erzeugung einer Gewichtseinheit der verschiedenen tierischen Produkte erforderlich ist. Für Ackerbauerzeugnisse, die nicht der menschlichen Ernährung dienen (Faserpflanzen, Sämereien usw.) wurden entsprechende Umrechnungssätze abgeleitet, und zwar nach deren Anspruch an Boden und Arbeit im Vergleich zu Getreide. Im Ergebnis erscheint dann das folgende Schema von Verrechnungseinheiten:

Übersicht 15: Amtlicher Getreideeinheitenschlüssel

Erzeugnis	Getreide-einheiten in dz	Erzeugnis	Getreide-einheiten in dz
1 dz Getreide, Mais, Buchweizen ...	1,00	1 dz Fischmehl, Fleischmehl, Tiermehl, Hefe	1,60
1 dz Erbsen, Bohnen, Wicken, Lupinen	1,50	100 l Schlempe	0,07
1 dz Ölsaaten	2,00	1 dz Hopfen	5,30
1 dz Ölsaaten (unter Anrechnung der Ölkuchenrücklieferung) ..	1,30	1 dz Tabak	2,50
		100 l Wein	1,50
1 dz Ölkuchen (Raps, Lein, Soja usw.)	1,40	1 dz Obst	0,50
1 dz Kartoffeln	0,25	1 dz Gemüse	0,20
1 dz Kartoffelflocken	1,00	1 dz Futterrübensamen	6,00
1 dz Zuckerrüben	0,25	1 dz Zuckerrübensamen	5,00
1 dz Zuckerrüben (unter Anrechnung der Schnitzelrücklieferung)	0,22	100 l Vollmilch (3,3 % Fettgehalt) ..	0,70
		1 dz Milchfett in abgelieferter Vollmilch	21,00
1 dz frisches Rübenblatt	0,10	1 dz Rahm, etwa 21 % Fett (Magermilch bleibt im Betrieb)	2,75
1 dz Troblako (getrocknetes Rübenblatt)	0,80		
1 dz Trockenschnitzel	0,70	1 dz Butter, etwa 82 % Fett (Mager- und Buttermilch bleibt im Betrieb)	10,50
1 dz vollw. Zuckerschnitzel	1,00		
1 dz Futterrüben, Kohlrüben usw.	0,10	100 l Magermilch	0,30
		100 l Molken	0,10
1 dz Möhren	0,15	1 dz Pferd, lebend, alle Altersklassen	7,00
1 dz Wiesenheu	0,40		
1 dz Kleeheu, Luzerne	0,50	1 dz Rind, lebend, alle Altersklassen	6,00
1 dz Erbsenstroh	0,25		
1 dz Sommerhalmstroh	0,15	1 dz Schwein, lebend, alle Altersklassen	5,00
1 dz Winterhalmstroh	0,10		
1 dz Faserlein (Samen und Stroh) ..	1,00	1 dz Schaf, lebend, alle Altersklassen	6,00
1 dz Faserleinstroh	0,70		
1 dz Hanf (Samen und Stroh)	0,70	1 dz Wolle (Schmutz)	40,00
1 dz Hanfstroh	0,50	1 dz Wolle (chem. rein)	100,00
1 dz Getreideklee (vollw.)	0,80	1 dz Geflügel, lebend	6,00
		1 dz Eier	5,00
		100 Eier	0,25

Unmittelbare Bedeutung für die Strukturstatistik können Verrechnungseinheiten erbringen, mit denen sich die Leistungsfähigkeit von Betrieben charakterisieren läßt. Beispielsweise erfolgt die Charakterisierung von landwirtschaftlichen Zucht- und Nutzviehhaltern nach dem Viehbestand, dargestellt in „Großvieheinheiten" (je ha landwirtschaftlicher Nutzfläche oder je Betrieb). Als Richtgröße wird für diese Typisierung eine Gruppe des Rindviehbestandes eingesetzt, nämlich Kühe, Färsen und Masttiere mit einem Lebendgewicht von 500 kg. Der Umrechnungsschlüssel von empirischen Bestandszahlen auf Verrechnungseinheiten berücksichtigt außer dem

Lebensalter und Lebendgewicht der Tiere auch den zur Aufzucht erforderlichen Aufwand an Futtermitteln und Pflege:

Übersicht 16: Umrechnungsschlüssel zur Ermittlung der Großvieheinheiten

Viehart		Großvieheinheit (GV)
Pferde	unter 3 Jahre alt	0,70
	3 Jahre und älter	1,10
Rindvieh	Kälber und Jungvieh unter 1 Jahr alt	0,30
	Jungvieh 1 bis 2 Jahre alt	0,70
	Zuchtbullen und Zugochsen	1,20
	Kühe, Färsen, Masttiere	1,00
Schafe	unter 1 Jahr alt	0,05
	1 Jahr und älter	0,10
Ziegen		0,08
Schweine	Ferkel	0,02
	Läufer	0,06
	Zuchtschweine	0,30
	Schlachtschweine	0,16
Geflügel		0,004

Quelle: Bundesministerium für Ernährung, Landwirtschaft und Forsten, Statistisches Jahrbuch über Ernährung, Landwirtschaft und Forsten 1966/67, S. 112.

Ähnliche Vergleichsmöglichkeiten bietet eine Typisierung der Arbeitsverfassung in der Landwirtschaft nach „Vollarbeitskräften". Auch die raumwirtschaftliche Bedeutung eines Nahrverkehrsmittels läßt sich, wie I. Esenwein-Rothe (1956) darlegte, mittels Standardisierung der „Verkehrseffizienz" aus dem Deckungsverhältnis zwischen den (nach der Beförderungsleistung) zu erwartenden und den effektiven Einnahmen typisieren.

322.2. *Typisierung über konstruierte Modelle*

Das Verfahren der Standardisierung zielt darauf ab, die wesentlichen Eigenschaften von komplexen Ganzheiten herauszuarbeiten (etwa die Geschlechts- und Altersgliederung einer bestimmten Bevölkerung), indem statistische Informationen über mehrere bekannte Merkmale modellartig zusammengefaßt werden. Das so erarbeitete Konstrukt gilt dann als Typus von Ganzheiten, mit deren Hilfe sich ein Vergleich zwischen unterschiedlich strukturierten empirischen Erscheinungen gleicher Art durchführen läßt. Informationswert und Verfahrensweise einer solchen Standardisierung lassen sich am Beispiel der demometrischen Modellkonstruktionen beschreiben.

(1) Konstruktion einer Standardbevölkerung

Zur Beurteilung der demographischen und erwerbswirtschaftlichen Reproduktionskraft einer Bevölkerung sind statistische Unterlagen über die Gliederung des Volkskörpers nach Alter und Geschlecht erforderlich. Hierfür können Strukturmaßzahlen herangezogen werden:

(a) Die alterspezifische Sexualproportion, die sich als Entsprechungszahl ergibt:

$$\left[\frac{\text{Anzahl der männlichen Personen je Altersjahrgang}}{\text{Anzahl der weiblichen Personen je Altersjahrgang}}\right] \cdot 100$$

(b) Ein Strukturkoeffizient für die Altersgliederung. Aus der Vielzahl von Koeffizienten sei hier der von W. Winkler (1969) hervorgehobene zitiert:

$$A = \frac{P_1 - P_3}{P}$$

mit A = Koeffizient für das Übergewicht von Jugendlichen gegenüber alten Leuten (bzw. umgekehrt bei negativem Vorzeichen) im Verhältnis zur Gesamtbevölkerung
P_1 = Jugendliche unter 14 Jahren
P_3 = Männer im Alter über 65 und Frauen über 60
P = Gesamtbevölkerung

Beide Indikatoren eignen sich jedoch nicht für den zwischenzeitlichen oder regionalen Vergleich, weil die Gliederung nach Alter und Geschlecht nicht nur das Ergebnis von Gebürtigkeit und Sterblichkeit ist, sondern auch deren Ursache. Um die effektive Fortpflanzungsintensität zweier Volkskörper zu vergleichen, kann das erstmals 1741 von L. Euler konzipierte Modell der „Stabilen Bevölkerung" herangezogen werden [4]).

Die Standardisierungsvorschrift beruht auf folgenden Annahmen:

(a) Das Modell bezieht sich auf eine „geschlossene" Bevölkerung. Es gibt keine mechanische Bevölkerungsbewegung (keine Zu- und Abwan-

---

[4]) Dieses Modell ist zitiert bei N. Keyfitz und W. Flieger (1971) als „paper written in 1760". Tatsächlich wurde das Modell von Euler als Beitrag zu J. P. Süßmilchs „Göttliche Ordnung in den Veränderungen des menschlichen Geschlechts (1741)" erarbeitet. Vgl. I. Esenwein-Rothe (1967), S. 197.

wanderung), sondern ausschließlich einen „natürlichen" Bevölkerungswechsel zufolge von Geburten- und Sterbefällen.
(b) Die altersspezifische Sterbewahrscheinlichkeit ist stabil. Die relative Minderung der einzelnen Altersklassen bleibt über zwei bis drei Generationen unverändert. (Daraus läßt sich eine stabile Überlebenswahrscheinkeit ableiten.)

Demnach läßt sich die Standardisierungsvorschrift wie folgt formulieren:

$$\frac{N-M}{P} \cdot 100 \stackrel{!}{=} \text{stabil}$$

wobei N = Geburtenzahlen
M = Sterbefälle
P = Bevölkerungszahl der Periode

Damit wird gefordert, daß sich an der Differenz $N-M$, sei diese ein Geburtenüberschuß, Nullwachstum oder Sterblichkeitsüberschuß, über vierzig bis siebzig Jahre hinweg nichts ändern soll. Aufgrund dieses „Stabilitätsprinzips" läßt sich die tendenzielle Entwicklung in folgenden standardisierten Grundformen des Altersaufbaus mit Diagramm 15 charakterisieren.

Die Umrißgestalten des standardisierten Altersaufbaus werden demographisch aus folgenden Überlegungen verständlich.

Typ „Wachsende Bevölkerung" (Pyramide)

Stabiles Verhalten ($N-M > O$): bei absoluter Zunahme der Geburtenzahlen wird die Basis des Histogramms von einem Jahrgang zum anderen breiter. Die altersspezifische Sterblichkeit (relative Häufigkeit von Sterbezahlen) bleibt konstant. So ergibt sich eine gleichmäßige Abnahme der Besetzung aller Altersklassen, weil die der Sterblichkeit ausgesetzten Jahrgänge (von den 0 bis 1jährigen an bis zu den 100jährigen) aus jeweils schwächeren Geburtenjahrgängen stammen als die folgenden Altersjahrgänge der 0 bis 1jährigen etc.

Typ „Stationäre Bevölkerung" (Glocke)

Stabiles Verhalten ($N-M = O$): Bei Konstanz der absoluten Geburtenzahlen unterliegt ein gleichbleibender Sockel des jüngsten Altersjahrgangs in aufeinander folgenden Jahren einer konstanten Reduktion durch die Sterblichkeit. Der Altersaufbau verjüngt sich zeitinvariant glockenförmig von den Altersklassen an, in denen die Todesbedrohung stärker wirksam wird.

Typ „Schrumpfende Bevölkerung" (Urne)

Stabiles Verhalten ($N-M < O$): bei abnehmender Besetzung des jüngsten Altersjahrgangs (rückläufige Geburtenzahlen) bewirkt die konstante

Diagr. 15: Standardisierungsmodelle für die Grundformen des Altersaufbaus einer Bevölkerung.

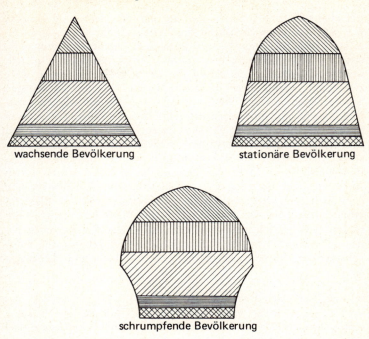

Quelle: Mackenroth, G., Bevölkerungslehre (1953), S. 20 f.

Sterblichkeit, daß die Altersklassen der nachrückenden Geburtenjahrgänge absolut stärker reduziert werden als die der vorangehenden; dies gilt nur solange, bis das Sterberisiko für höhere Altersklassen eingreift, wodurch im oberen Teil der Figur eine formale Annäherung an die Tendenzen bei der stationären Bevölkerung entsteht.

Die einprägsamen Standardmodelle erleichtern den Strukturvergleich über Staatsgrenzen und Zeitraum hinweg. Wie E. Förster (1963) gezeigt hat, läßt sich die Beurteilung des demographischen Prozesses anhand solcher Modellkonstruktionen statistisch absichern, insbesondere wenn spezielle Beziehungszahlen wegen störender Einflüsse auf die Bezugsgröße nicht hinreichend informativ sind.

(2) Konstruktion eines „Warenkorbs" als standardisiertes Modell der Verbrauchsstruktur

Um eine statistisch fundierte Aussage darüber machen zu können, wie sich die durchschnittliche Preisbewegung für Güter und Leistungen des täglichen Bedarfs entwickelt, müßte bekannt sein, welche Verbrauchsausgaben unter Preisbeobachtung gestellt werden sollen. Eine Einschränkung auf Einzelhandelspreise wäre zweifellos verfehlt, weil ja auch Waren und Dienstleistungen von Handwerkern und Werkskantinen, von Verkehrsmitteln sowie Gesundheits- und Bildungsinstitutionen zu den Lebensbedürfnissen gehören, die vom privaten Haushalt nachgefragt werden. Es muß also ein Verbrauchsmodell konstruiert werden. Das um 1930 im Statistischen Reichsamt konzipierte Modell für die Berechnung eines reichseinheitlichen Index der Lebenshaltungskosten wurde inzwischen mehrfach an veränderte soziale Verhältnisse angepaßt und liegt auch dem Preisindex für die Lebenshaltung für die BRD zugrunde. Damit das Modell einer typischen Verbrauchsstruktur entspricht, werden folgende verbrauchsbedingende Komponenten für den „Warenkorb" fingiert: Verbrauchseinheiten (Haushalte), haushaltstypische Verbrauchsmengen sowie Waren- und Leistungsarten.

Folgende Haushaltstypen werden berücksichtigt
— 4-Personen-Haushalte von Angestellten und Beamten mit höherem Einkommen (1970: 2 Erwachsene, 2 Kinder, darunter mindestens eines unter 15 Jahren) mit einen Verbrauchsbudget von 1996 DM;
— 4-Personen-Haushalte mittleren Einkommens (1970: allein verdienender Haushaltsvorstand, 2 Kinder, darunter eines unter 15 Jahren mit Budget von 1157 DM);
— 2-Personen-Haushalte von älteren Renten- und Sozialhilfeempfängern mit Budget von 532 DM;
— Ergänzend: Preisindex für die einfache Lebenshaltung eines Kindes;
— Seit 1969 „sämtliche" Privathaushalte, standardisiert auf 2 Erwachsene und 0,7 Kinder.

Die Konstruktion des Verbrauchsschemas für die einzelnen Haushaltstypen beruht auf Informationen über die Anteile der Güter und Leistungen an den haushaltstypischen Verbrauchsausgaben. Diese Quoten werden durch Teilerhebungen aus Wirtschaftsrechnungen (Buchführung von Haushaltsvorständen über Haushaltseinkünfte und -ausgaben) und aus Einkommens- und Verbrauchsstichproben ermittelt.

Die haushaltstypischen Verbrauchsmengenschemata unterscheiden sich in der Weise, daß für Haushalte mit höherem Einkommen ein „Warenkorb" mit einem breiteren Warenkatalog und mit besseren Qualitäten konstruiert wird, während das Mengenschema für Rentnerhaushalte wie für das Einzelkind sinngemäß gekürzt wird. Für den Lebenshaltungspreisindex „aller" privaten Haushalte wird der „Warenkorb" anhand von Informationen der Volkswirtschaftlichen Gesamtrechnung über den Privaten Verbrauch zusammengestellt. (Vgl. dazu Kapitel 621.2.)

Diagr. 16: Vergleich des standardisierten Modells von Warenkörben für typische Haushalte.

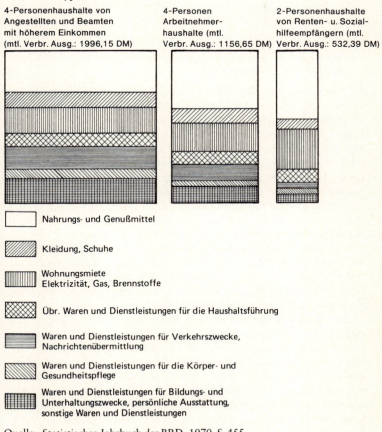

Quelle: Statistisches Jahrbuch der BRD, 1970, S. 455

Die Standardisierung von institutionellen Verbrauchseinheiten geht von der personellen Zusammensetzung der Haushalte aus (bei stabilen Altersrelationen zwischen Eltern und Kindern) und unterstellt Konstanz der einkommensabhängigen Verbrauchsausgaben. Das ermöglicht eine Standardisierung des Mengenschemas. Während für den ersten Schritt Informationen aus der Volkszählung herangezogen werden, basiert der zweite Schritt auf wirtschaftsstatistischen Spezialerhebungen. Der so erstellte standardisierte „Warenkorb" kann nun zur Beurteilung der Preisbewegung verwendet werden. Das setzt freilich voraus, daß auch noch eine gezielte Preisermittlung erfolgt, nämlich eine Auswahl der Preisrepräsentanten nach der typischen Methode. (Vgl. dazu Kapitel 231.3.)

(3) Konstruktion eines Standardisierungsmodells für die Klassifikation von Agrarbetrieben

An Versuchen zur Klassifikation der landwirtschaftlichen Betriebe hat es nicht gefehlt. Der Tendenz nach ging es anfangs darum, die „Vollerwerbsbetriebe" nach der Art der Marktleistung zu charakterisieren. Später wurde eine deutliche Abgrenzung gegenüber jenen betrieblichen Einheiten gesucht, die für den Haushalt der Betriebsinhaber keine ausreichende Existenzgrundlage bieten.

Diese Aufgabe ist deshalb schwierig zu lösen, weil lediglich für landwirtschaftliche Betriebe mit großem Vermögen oder höherem Einkommen Buchführungspflicht besteht. Andererseits ist die Lösung der Frage dringlich, weil die Paritätsforderungen der Landwirte auf Gleichstellung der Nettoeinkommen gerichtet sind.

Das ursprünglich konstruierte Standardisierungsmodell zielte darauf ab, diejenigen Betriebsgrößenklassen als „typisch" für einen Vollerwerbsbetrieb zu kennzeichnen, bei welchen die Mehrzahl der Betriebe in der jeweiligen Gegend eine auskömmliche Ackernahrung für eine volle Normalfamilie erzielt.

Dieses Typisierungsverfahren hat keine ausreichende Information erbracht. Das zwischenzeitlich entwickelte Standardisierungsverfahren ist so konstruiert, daß trotz fehlender Buchführungsunterlagen die möglichen Erträgnisse von Agrarbetrieben nach Größenklassen und Betriebssystemen indirekt aus der Betriebsart abgeleitet werden können. Das hierfür bei der Landwirtschaftszählung 1970 erstmals erprobte Verfahren zeigt deutlich, wie mittels konstruierter Modellstandardisierung Ganzheiten unterschiedlicher Struktur einem statistischen Vergleich zugängig gemacht werden können.

Das Standardisierungsverfahren vollzieht sich in drei Schritten:

1. Schritt: Ermittlung von standardisierten „Deckungsbeiträgen", und zwar getrennt nach Frucht- und Tierarten.
2. Schritt: Standardisierung der Zuordnung von Betrieben zu „Betriebsarten".
3. Schritt: Abschätzung eines nach Betriebsarten standardisierten „Betriebseinkommens".

Zu Schritt 1 werden die typischerweise zu erzielenden Bruttoerträge zu konstanten Preisen gegen die dafür aufzubringenden variablen Spezialkosten aufgerechnet. Dabei wird insofern typisiert, als die aus repräsentativen Buchführungsunterlagen ermittelten Bruttoproduktionswerte und speziellen Kosten nach Leistungsstufen unterschiedlich in die Rechnung eingebracht werden.

Beispiel für die Berechnung des Deckungsbeitrages für Winterweizen je ha [5]):

Tabelle 7: Ermittlung eines Standarddeckungsbeitrages (Winterweizen je ha)

Leistungsstufe	Bruttoproduktionswert zu konstantem Preis von 39,40 DM *	./.	Variable Spezialkosten **)	=	Standarddeckungsbeitrag
1 = unterdurchschnittlich	36 dz/ha = 1418 DM	./.	450 DM	=	968 DM
2 = mittel	42 dz/ha = 1655 DM	./.	510 DM	=	1145 DM
3 = überdurchschnittlich	48 dz/ha = 1891 DM	./.	570 DM	=	1321 DM

*) Vorgegeben lt. Preisordnung durch das Bundesministerium für Ernährung, Landwirtschaft und Forsten.
**) Ermittelt durch ein unabhängiges wissenschaftliches Institut, (für jede Frucht- und Tierart) auf repräsentativer Basis aus Buchführungsunterlagen.

Für Schritt 2 (Standardisierung der „Betriebsart") werden die im Laufe eines Wirtschaftsjahres gemäß den repräsentativen betriebsstatistischen Unterlagen hervorzubringenden Leistungen mit den jeweiligen Standarddeckungsbeiträgen bewertet. Die effektiv erzielten Einkünfte des einzelnen Betriebes sollen also keine Rolle spielen. Aus diesem Grunde ist es erforderlich, innerhalb der Verbundwirtschaft der Betriebe für jeden einzelnen Betriebszweig dessen effektive Ausgangszahlen einzusetzen, also entweder die

---

[5]) Dieses Demonstrationsbeispiel stützt sich auf einen 1974 mitgeteilten, bisher nicht publizierten Entwurf des Statistischen Landesamtes Bayern.

Anbaufläche der jeweiligen Fruchtart oder die Anzahl (und das Alter) des Viehbestandes.

Die Standardisierungsvorschrift ist hier zweistufig: Auf der ersten Stufe wird auf eine standardisierte Ermittlung der Anteile des Betriebszweiges am „theoretischen" Bruttoproduktionswert abgestellt, um die einzelnen Betriebe nach ihrem Betriebssystem typisieren zu können, wie aus folgendem Beispiel klar wird:

Tabelle 8: Abgrenzungsrelationen für die Zuordnung zu Betriebsarten

Frucht- bzw. Tierart	Anbaufläche in ha / Vieh in Stück	Leistungsstufe	Standarddeckungsbeitrag			Abgrenzungsrelationen für das Betriebssystem
			DM je Einheit	DM je Zweig	in vH	
Betriebszweig Marktfruchtbau						
Winterweizen	6,0	3	1321,–	7926,–	17,5	
Wintergerste	4,0	3	1217,–	4868,–	10,4	
Hafer	6,0	3	973,–	5838,–	12	55
Zuckerrüben	3,0	2	2507,–	7521,–	6	
Betriebszweig Futterbau						
Runkelrüben	3,0					
Ackergrünland	5,0					
Jungvieh (bis 1 Jahr)	8,0	2	360,–	2880,–	6,0	
männl. Rinder 1–2 Jahre	2,0	2	432,–	864,–	2,0	37
weibl. Rinder und Färsen	8,0	3	296,–	2368,–	4,0	
Kühe	12,0	2	1004,–	12 048,–	25,0	
Betriebszweig Veredelung						
Mastschweine	31,0	2	122,–	3782,–	8,0	8
Standardisierungsbeitrag				48 095,–	100	100

Auf der zweiten Stufe wird der empirische Befund nach einem Standardisierungsschema daraufhin geprüft, in welcher Relation die einzelnen Betriebszweige (gemessen am Standarddeckungsbeitrag) zueinander stehen. Das auf S. 126 ausschnittweise wiedergegebene amtliche Schema enthält Typisierungsvorschriften für diesen Standardisierungsvorgang, der im folgenden erläutert wird:

Aus den vorgegebenen Schwellenwerten läßt sich für den Beispielsbetrieb aus Tab. 8 und Übers. 17 ablesen, daß er eindeutig zur Landwirtschaft gehört und daß seine Marktleistung in Ackerbauerzeugnissen (55 v. H.) über dem Schwellenwert liegt, der für die Zuordnung zum Betriebssystem der Marktfruchtbetriebe erforderlich wäre (50 v. H.). Andererseits liegt wegen der Viehhaltung und Veredelungswirtschaft kein Fall vor, der eine Zuordnung zu M_1 (Marktfruchtspezialbetriebe) rechtfertigen könnte.

Diese Zuordnung ist entscheidend für die im dritten Schritt erfolgende Abschätzung eines „Standardisierten Betriebseinkommens".

Als Ausgangszahl für die Ermittlung eines Standardeinkommens gilt die Differenz zwischen der Summe aller Standarddeckungsbeiträge und der Summe der Betriebsausgaben für Marktleistungen. Das Verhältnis der Gesamtheit aller Gemeinkosten (der „typischen" festen Kosten) zum Standarddeckungsbeitrag wurde aufgrund repräsentativer Buchführungszahlen nach Betriebsart und -größenklassen in Form von Entsprechungszahlen tabelliert, wie auszugsweise vorgeführt werden kann:

Tabelle 9: Auszug aus dem amtlichen Typisierungsschema für Betriebssysteme in der Agrarwirtschaft

Betriebsart	Feste Spezialkosten und Gemeinkosten im Verhältnis zu je 1000 DM Standarddeckungsbeitrag für Betriebe mit einer LF von				
	unter 10 ha	10 bis unter 20 ha	20 bis unter 30 ha	30 bis unter 50 ha	50 ha und darüber
Marktfrucht-betriebe	480	420	370	325	320
Veredelungs-betriebe	540	450	390	350	340
Baumschulen ...	700	640	580	540	520
Forstbetrieb	180	170	150	140	130

Übersicht 17: Betriebssysteme in der Agrarwirtschaft*)

Bezeichnung	Kurzbezeichnung	Anteil am Standarddeckungsbeitrag des Betriebes	
LANDWIRTSCHAFT	LA	.	
Marktfruchtbetriebe	M	Marktfrucht $\geq$ 50 %	.
Marktfruchtspezialbetr.	M_1	Marktfrucht $\geq$ 75 %	.
Intensivfruchtbetriebe	MIN		Intensivfrüchte $\geq$ Extensivfrüchte
Extensivfruchtbetriebe	MEX		Extensivfrüchte $>$ Intensivfrüchte
Marktfruchtverbundbetr.	M_2	50 % $\leq$ Marktfrucht $<$ 75 %	Veredl. $\leq$ Futterb. $\geq$ Dauerk. Futterb. $<$ Veredl. $\geq$ Dauerk. Futterb. $<$ Dauerk. $>$ Veredl.
Futterbaubetriebe	F	Futterbau $\geq$ 50 %	.
Futterbauspezialbetr.	F_1	Futterbau $\geq$ 75 %	.
Milchviehbetriebe	FMI		Milcherzeug. $\geq$ Rindfleischerzg.
Rindermastbetriebe	FRI		Rindfleischerzeug. $\geq$ Milcherzeug.
Futterbau-Verbundbetr.	F_2	50 % $\leq$ Futterbau $<$ 75 %	Veredl. $\leq$ Marktfr. $\geq$ Dauerk. Marktfr. $<$ Veredl. $\geq$ Dauerk. Marktfr. $<$ Dauerk. $>$ Veredl.
Veredlungsbetriebe	V	Veredlung $\geq$ 50 %	.
Veredlungsspezialbetr.	V_1	Landwirtschaft $\geq$ 75 %	
Schweinebetriebe	VSW		Schweine $\geq$ Geflügel
Geflügelbetriebe	VGE		Geflügel $>$ Schweine
Veredlungs-Verbundbetr.	V_2	50 % $\leq$ Veredlung $<$ 75 %	
Dauerkulturbetriebe	D	Dauerkulturen $\geq$ 50 %	
Dauerkulturspezialbetr.	D_1	Dauerkulturen $\geq$ 75 %	
Obstbaubetriebe	DOB		Weinb. $\leq$ Obstb. $>$ Hopfenb.
Weinbaubetriebe	DWE		Obstb. $<$ Weinb. $\geq$ Hopfenb.
Hopfenbaubetriebe	DHO		Obstb. $<$ Hopfenb. $>$ Weinb.
Dauerkulturverbundbetr.	D_2	50 % $\leq$ Dauerkulturen $<$ 75 %	
Landw. Gemischtbetr.	XLA	Marktfrucht, Futterbau, Veredl. u. Dauerkulturen jeweils $<$ 50 %	

*) Auszug, zum Verständnis des Beispiels ohne Gartenbau, Forstwirtschaft und Kombinationsbetriebe

Für den Beispielsbetrieb mit einer landwirtschaftlichen Fläche von 34 ha errechnet sich das standardisierte Betriebseinkommen wie folgt:

Summe der Standarddeckungsbeiträge (lt. Tab. 8)	48 095 DM
abzüglich standardisierte Summe der Fixkosten für „Betriebsmarktfruchtart" bei LF über 30 ha (lt. Tab. 9) $\frac{48\,095 \cdot 325}{1000} = 15\,630$	./. 15 630 DM
	32 465 DM
Erträge[6]) (Milch, Eier und Obstverkauf; Dienstleistungen gegenüber anderen Agrarbetrieben)	+ 4 125 DM
Standardbetriebseinkommen	36 590 DM

Dieses Standardisierungsmodell ist in sich recht interessant. Denn es leuchtet ein, daß die Information über das im gegebenen Fall erzielbare Einkommen für agrarpolitische und fiskalische Entscheidungen wichtiger ist, als das durch Familienverhältnisse oder sonstige Umstände effektiv erzielte. Aufgrund der Standardisierung läßt sich eine Tabelle aufstellen, aus der sich ergibt, inwieweit das standardisierte Einkommen von Agrarbetrieben der jeweiligen Betriebsgrößenklasse (20 bis 50 ha) erreicht oder überschritten wurde.

Das Beispiel wurde jedoch auch aus grundsätzlichen Erwägungen vorgeführt:
Außerhalb der Wirtschafts- und Sozialstatistik gibt es weder die Notwendigkeit noch die Möglichkeit, mit Hilfe empirisch beobachteter Gliederungszahlen und Mittelwerte ein Instrument zu schaffen, welches so weit von der Wirklichkeit abstrahiert, daß es seinerseits als Maßstab und Indikator für andere Sachverhalte dienen könnte. Es sollte klar geworden sein, daß Typisierung und Standardisierung Instrumente für die Beurteilung empirischer Tatbestände sind, die außerhalb der analytischen Statistik liegen und die doch höchst effizient sind.

---

[6]) Dieser Betrag ist beim einzelnen Betrieb aus den nicht standardisierten Erträgen zu erfragen oder anhand der spezifischen Standarddeckungsbeiträge für die in Betracht kommenden Produkte zu berechnen.

4. Das System beschreibender Indikatoren für die Prozeßstatistik

41. Inhalt einer Prozeßstatistik

411. Abgrenzung zur Strukturstatistik

411.1. Inhaltliche Abgrenzung der Prozeßstatistik

Um den Verlauf von sozioökonomischen Vorgängen statistisch zu beobachten, sind andere Instrumente und Denkansätze erforderlich als für eine Strukturstatistik. Bei dieser kommt es darauf an, für einen Zeitpunkt die Bestandsmasse im Querschnitt zu gliedern. Deshalb ist eine möglichst umfassende Erhebung der Gesamtheit die beste Informationsgrundlage. Die Prozeßstatistik erstreckt sich demgegenüber auf die Beobachtung von „Wiederholungsvorgängen". Gegenstand der Beschreibung und Analyse sind Ausmaß und Wirkung jener Entscheidungen und Aktivitäten, welche zu strukturellen Veränderungen führen.

Dies sei am Beispiel der demographischen Statistik verdeutlicht.
Mit der Strukturstatistik wird die Gesamtheit der Wohnbevölkerung einer Region zu einem bestimmten Stichtag erfaßt und nach natürlichen demographischen Merkmalen (Alter, Geschlecht) und soziodemographischen Merkmalen (Familienstand, Konfession, Erwerbsbeteiligung, Beruf usw.) beschrieben. Durch Zugänge (Geburten, Zuzug) und Abgänge (Sterbefälle, Abwanderung) wird die Gesamtheit in ihrem Volumen verändert, zugleich aber auch in ihrer Gliederung. Mit der demographischen Prozeßstatistik soll über jene Phänomene informiert werden, welche verändernd auf die Bevölkerungsstruktur einwirken.

Entsprechendes gilt für die sozioökonomische Prozeßstatistik. Sie soll dazu führen, daß die Erneuerung und Umstrukturierung von sozioökonomischen Gesamtheiten beobachtet werden kann, seien diese realisiert als Volkswirtschaft, Wirtschaftsbereich, Arbeitnehmerschaft u. a. m. Wichtig ist, daß mit der Prozeßstatistik nicht nur die Veränderungen des Volumens einer Bestandsmasse, sondern auch solche der Zusammensetzung erfaßt und interpretiert werden sollen.

Aus diesem anders gearteten Informationszweck ergeben sich Folgerungen für den Erhebungsplan: Da die Prozeßstatistik nur dann hinreichend informativ ist, wenn das Datenmaterial in kurzen Zeitabständen anfällt, muß auf Vollerhebungen verzichtet werden; sie stützt sich deshalb durchweg auf repräsentative Teilerhebungen.

Der Unterschied von Struktur- und Prozeßstatistik läßt sich schematisch aus der jeweiligen Informationsfunktion ableiten:

Ansatz	Strukturstatistik	Prozeßstatistik
Gesuchte Information	Umfang, Gliederung, Niveau und Variabilität einer Gesamtheit	Ausmaß und Richtung von Bestands- und Zustands-Veränderungen einer Gesamtheit
Zeitlicher Bezug	Querschnitt zum Stichtag / Zeitpunkt	Längsschnitt für ein Zeitintervall
Erhebungsplan	Totalerhebung oder umfangreiche Stichproben in großem zeitlichen Abstand	Repräsentativstatistiken a) zum kurzfristigen Bestandsvergleich b) als Verlaufsstatistik i. e. S.

411.2. Erhebungstechnische Besonderheiten der Prozeßstatistik

Das Konzept aller Prozeßstatistiken zwingt dazu, besonders sorgfältig darauf zu achten, daß die zu erhebenden Reihenwerte auch wirklich darüber informieren, was zur inhaltlichen Beschreibung des zu beobachtenden Vorgangs dienlich ist.

So muß etwa geprüft werden, ob die Beschäftigungslage eines Industriezweiges besser durch die Belegschaftszahlen und Lohnsummen oder aber durch Zahlen über Umsätze und Auftragseingänge zu beobachten ist.

Über diese sachverständige Auswahl der jeweils aussagefähigen Merkmale hinaus wird es bei Prozeßstatistiken erforderlich, besondere Vorkehrungen erhebungstechnischer Art zu treffen. Überwiegend wird das Datenmaterial in kurzfristig wiederkehrenden Berichtsrhythmen benötigt. Damit ist eine Beschränkung auf Teilerhebungen vorgegeben, weil Erhebungen größeren Umfanges, ganz abgesehen von den Kosten, nicht schnell genug durchzuführen und auszuwerten wären.

Aber selbst für die Auswahl der bestmöglichen Teilerhebungsverfahren gibt es einschränkende Bedingungen. Da die meisten Prozeßstatistiken für den zwischenzeitlichen Vergleich veranstaltet werden, ist es häufig unerläßlich, den Kreis der Berichtspflichtigen unverändert zu lassen, damit die Identität des Kollektivs so weit gesichert wird, wie dies zur Beobachtung von strukturellen Wandlungen oder Tendenzänderungen erforderlich ist: Erkennbare Veränderungen sollten als Prozeßcharakteristiken interpretiert werden können und nicht etwa auf das Hinzutreten oder den Ausfall von Erhebungseinheiten zurückgeführt werden müssen. Diese Bedingung wird bei Teilerhebungen nach dem „cut-off-Prinzip" erfüllt, sofern der Berichtssprung keine wesentlichen Änderungen in der Zusammensetzung der beobachteten Gesamtheit hervorruft. (Vgl. dazu Kapitel 231.3.)
Auch bei Erhebungen nach der typischen Methode läßt sich die Identität des Berichtskreises weitgehend absichern. Bei Stichprobenerhebungen ist diese Bedingung meist nur dadurch zu erfüllen, daß diese nach dem „Panel"-Prinzip veranstaltet werden, wobei die ausgewählte Stichprobengesamtheit über mehrere Berichtstermine fortgeschrieben wird. Das wird beispielsweise beim Mikrozensus der amtlichen westdeutschen Statistik durch partielle Rotation der Auswahleinheiten bewirkt.
Ergiebiger als durch Beschränkung der Prozeßstatistik auf einen kurzfristig hintereinander geschalteten Bestandsvergleich wird eine Längsschnittbetrachtung mittels einer Verlaufsstatistik, die allerdings nur mit Hilfe von EDV-Technik, zumal mit Datenbanken, in rationeller Weise durchgeführt werden kann. Hierbei bleibt die einmal ausgewählte Erhebungsgesamtheit über den Beobachtungszeitraum hinweg ununterbrochen unter Kontrolle, indem alle entlang der Zeit eintretenden Merkmalsveränderungen an den Einheiten registriert werden. Dies setzt voraus, daß jede Einheit durch ein Identifikationsmerkmal gekennzeichnet wird.
Es sind zwei Formen der Verlaufsstatistik gebräuchlich, nämlich das Verfahren der synchronen Erhebung wie auch das der prospektiven bzw. retrospektiven Erhebung.
Bei einer Verlaufsstatistik auf der Grundlage der synchronen Erfassung wird der anonyme Fall mit seinen Merkmalskombinationen zu verschiedenen Stichtagen erfaßt und mit Hilfe des Identifikationsmerkmals als jeweils individualisierbare Einheit der Erhebungsmasse dargestellt. Insoweit besteht also kein wesentlicher erhebungstechnischer Unterschied zum kurzfristig hintereinandergeschalteten Bestandsvergleich. Dieser ergibt sich erst daraus, daß durch einen Rück-

griff auf das Identifikationsmerkmal im Zuge der Aufbereitung die Verbindung mit der davorliegenden Erhebung hergestellt werden kann. Damit wird erreicht, daß sich ein Übergang von einer Gruppe oder Klasse zur anderen, der sich aus einer Merkmalsänderung ergibt, statistisch als solcher nachweisen und gegebenenfalls getrennt von Neuzugängen darstellen läßt, was bei einem einfachen Bestandsvergleich nicht möglich wäre.

Eine Verlaufsstatistik i.e.S. ist allerdings nur dann möglich, wenn die Teilgesamtheit von vornherein in Klassen oder Gruppen gleicher Art aufgeteilt wird (Studenten nach Fachrichtungen, Krankenversicherte nach Altersklassen), um etwaige während des Beobachtungszeitraumes eintretende Ereignisse und Merkmalsveränderungen (Hochschul- oder Fachwechsel/Erkrankung nach Krankheitsarten) gruppenspezifisch ermitteln und darstellen zu können. Auf diesem Prinzip beruht der von W. Lexis (1891) empfohlene Generationenansatz, der später durch P. K. Whelpton (1954) in der von ihm so benannten „Kohortenanalyse" weltweit bekannt geworden ist: er dient zur Beobachtung der Geburtenleistung von Frauen gleicher Geburts- bzw. Heiratsjahrgänge.

Erhebungstechnisch ist auch hierbei die Kennzeichnung der Zählpapiere durch ein Identifikationsmerkmal erforderlich. Jedoch läßt sich dabei unmittelbar erfassen und darstellen, welche Auswirkungen sich aus den Zustandsveränderungen, die sich an den Einheiten vollziehen, für die Struktur des Kollektivs ergeben.

Die Durchführung einer solchen Verlaufsstatistik kann auch retrospektiv erfolgen, indem die bei Ende des Beobachtungszeitraums ermittelte Klassengliederung auf die ursprüngliche Klassen- oder Gruppenzugehörigkeit zurückgeführt wird. Allerdings läßt sich bei diesem Erhebungsverfahren der „drop out" (Anzahl und Zeitpunkt des Ausscheidens von Einheiten aus der Erhebungsgesamtheit) nicht erfassen. (Diese Frage spielt im Zusammenhang mit der Zeitraumanalyse eine Rolle. Vgl. dazu Kapitel 431.2.)

412. Prozeßstatistik als Information über Bestands- und Zustandsveränderungen

Die Einsicht in den Zusammenhang zwischen Strukturen und Ereignissen, die zuerst durch W. Lexis (1892) modellhaft für die Bevölkerungsstatistik herausgearbeitet worden ist, kann wie folgt generalisiert werden:

1. Jedes Element einer Gesamtheit befindet sich zum Stichpunkt einer Querschnittserhebung in einem eindeutig definierten, durch die Merkmalsausprägung statistisch erfaßbaren Zustand.

Ein 0jähriges Kind ist männlich / weiblich
ehelich / unehelich
gesund / krank

2. Soziodemographische oder soziökonomische Ereignisse verändern den statistisch erfaßten Zustand des Elements, und zwar dadurch, daß jeweils simultan eine Merkmalsausprägung neu gewonnen wird, wenn eine andere verlorengeht.

Eine Angestellte verliert durch das Ereignis „Entlassung" die Eigenschaft „beschäftigt" und wird zugleich charakterisiert durch die Merkmalsausprägung „arbeitslos".

3. Zur Beurteilung von demographischen oder ökonomischen Vorgängen, die zu einer Zustandsveränderung im Kollektiv führen, muß für jedes Element, dessen Zustand durch ein Ereignis verändert wird, derjenige Zustand statistisch ermittelt werden, der vor Eintritt des Ereignisses realisiert war.

Falls etwa analysiert werden soll, welche Veränderungen im Altersaufbau einer Bevölkerung durch die Sterblichkeit eintreten, muß das demographische Ereignis „Sterbefall" mit dem Zustand in Verbindung gebracht werden, den das Element zuvor hatte.

Ereignis:	Unfalltod einer Person am 10. 7. 1975
Zustandsveränderung am Element:	lebend → tot
Ursprungsereignis:	Geburt am 1. 7. 1950
Zustandsveränderung am Altersaufbau der Wohnbevölkerung:	Abgang eines Elements aus der Altersklasse der 25- bis unter 30jährigen

Wie bei der Beobachtung demographischer Prozesse ist auch bei sozioökonomischen Vorgängen zu unterscheiden zwischen der Bestandsveränderung als solcher (Rückgang der Unternehmenszahl zufolge Konkurs und Fusion) und den durch die Vorgänge bedingten Zustandsveränderungen im Kollektiv (durchschnittliche Beschäftigtenzahlen je Branche, Anteil gelernter Facharbeiter, Besetzung von Größenklassen des Umsatzes, der Lohnsummen usw.).

Aus diesen Überlegungen werden die besonderen Schwierigkeiten der Prozeßstatistik ersichtlich. Auch dann, wenn keine zusätzlichen Elemente in den Bestand aufgenommen oder aus dem Bestand abgegeben werden, können Ereignisse eine Zustandsveränderung der im Kollektiv enthaltenen Einheiten bewirken. Die dadurch ausgelöste Veränderung in der Besetzung von Klassen und Gruppen läßt sich bei einem Bestandsvergleich nicht von jenen Strukturveränderungen unterscheiden, die mit dem Zu- oder Abgang von Elementen eintreten. Dies ist nur möglich bei einer Verlaufsstatistik i. e. S. (Vgl. dazu auch Kapitel 432.1.)

42. Indikatoren für den Niveau-Vergleich

Dem Niveauvergleich dienen einfache oder gewichtete Verhältniszahlen, die entweder zwischenzeitliche Veränderungen oder regionale Unterschiede in den Größenordnungen einer Variablen oder eines Gruppendurchschnitts anzeigen. Je nachdem, ob sich der Vergleich auf eine bestimmte Art von Variablen bezieht oder auf einen durchschnittlichen Niveauunterschied von verschiedenartigen Reihen, sind Meßzahlen von Indices zu unterscheiden.

Meßzahlen	Indexzahlen
Indem ein Wert aus einer statistischen Reihe als Bezugsgröße gewählt und die zu vergleichenden Werte rechnerisch auf diesen Basiswert bezogen werden, ergibt sich eine Verhältniszahl. Diese Relativzahl wird zur „Meßzahl", indem sie in Prozent der Basis ausgedrückt wird.	Indexzahlen sollen den durchschnittlichen Niveauvergleich für ungleichartige Reihen ermöglichen. Dazu wird ein gewichteter Mittelwert aus Meßzahlen für die einzelnen Reihen gebildet, wobei die Festlegung der Basiswerte und des Gewichtungsverfahrens verschiedene methodische Probleme aufwerfen.

Der Aussagewert beider Indikatoren für den Niveauvergleich sollte nicht überschätzt werden. Insbesondere sollte eine Analyse bezüglich der Periodenschwankungen einer Zeitreihe von Meßzahlen oder Indices nur nach sorgfältiger Prüfung der in diesen Verhältniszahlen dargestellten regionalen oder zwischenzeitlichen Vergleiche unternommen werden. Denn die innere Konsistenz solcher Reihen steht und fällt damit, daß die dem Erhebungsvorgang zugrundeliegende Konzeption und die davon abgeleiteten Merkmalsbestimmungen unverändert bleiben. Selbst eine geringfügige Abänderung des Erhebungsgebietes, des Berichtskreises, der systematischen oder klassifikatorischen Zuordnung kann eine sprunghafte „Entwicklung" vortäuschen. Erst recht können Änderungen in der Erhebungstechnik irreführen, so – bei Stichprobenerhebung – der Übergang von einer Auswahlgesamtheit auf eine andere. Dies gilt zwar auch für die Ursprungsreihen, aber noch mehr für die von ihnen abgeleiteten Reihen von Meßzahlen oder Indices.

421. Meßzahlen

Meßzahlen sind Quotienten aus jeweils zwei statistischen Bestandsgrößen, die sich insofern von anderen Verhältniszahlen unterscheiden, als die zueinander in Beziehung gesetzten Größen gleichartig sind und als sie, im Gegensatz zu Gliederungszahlen, „nebengeordnet" sind, also nicht Teile einer umfassenden Gesamtheit. Die Umwandlung von gemessenen oder gezählten Daten einer Ursprungsreihe in Meßzahlen dient dazu, den Unterschied zwischen Bestandsgrößen zu verschiedenen Zeitpunkten am gleichen Ort (oder für verschiedene Gebiete zum gleichen Zeitpunkt) zu messen, indem auf einen festen Basiswert Bezug genommen wird, der entweder gleich 100 oder gleich 1 000 gesetzt wird.

Wird aus einer solchen Verhältnisrechnung eine Reihe von mehr als 2 Meßzahlen zur gleichen Basis gebildet, so bringt diese Reihe die relativen (zeitlichen und sachlichen) Veränderungen sinnfällig zum Ausdruck. Damit wird zweierlei erreicht:

1. Durch die Reduktion auf den Basiswert 100 wird ein Vergleich der Veränderung von Zahlen- und Wertangaben zweier Ursprungsreihen möglich, die zwar in der gleichen Einheit (DM) aber in unterschiedlicher Größenordnung (in 1 000 und in Mrd.) gegeben sind, wie dies im Wirtschafts- und Sozialleben häufig erforderlich ist.
2. Ursprungswerte von Reihen, die in unterschiedlichen Zähl- und Meßeinheiten ausgewiesen sind (etwa kg, t, DM) werden bezüglich ihrer relativen Veränderung vergleichbar.

421.1. *Wahl der Basis*

Die Wahl der Bezugsgröße ist kein mathematisches, sondern ein fachwissenschaftliches Problem.

Folgende Ausformungen der Meßzahlen ergeben sich aus einer unterschiedlichen Festlegung des Basiswertes:

Meßzahlen mit fester Bezugsgröße	Meßzahlen mit wechselnder Bezugsgröße
4.01. $\quad m_{i.o} = \dfrac{a_i}{a_o} \cdot 100$	4.02. $\quad m_{i.i-1} = \dfrac{a_i}{a_{i-1}} \cdot 100$
mit $a =$ Ursprungswert $i =$ Beobachtungszeitpunkt $o =$ Bezugszeitpunkt	

(1) Meßzahlen zur festen Basis

Meßzahlen zur festen Basis beziehen sich in aller Regel auf eine realiter in der Reihe vorkommende Größe.

An einem Beispiel kann gezeigt werden, daß sich inhaltlich in der Darstellung der Beziehung zwischen den Reihenwerten nichts ändert, falls einmal der zeitlich früheste, ein andermal der letzte Reihenwert als Bezugsgröße gewählt wird.

Tabelle 10: Relativierung von Ursprungszahlen bei unterschiedlicher Wahl der Bezugsgröße

Jahr	Produktionszahlen in 1 000 t	Meßzahlen	
		Jahr 1 = 100	Jahr 6 = 100
	1	2	3
1	150	100	75
2	168	112	84
3	190	127	95
4	188	125	94
5	180	120	90
6	200	133	100

Die diagrammatische Darstellung der in den Spalten 2 und 3 aufgeführten Meßzahlen weist aus, daß sich durch die Verschiebung der Basis im „Zuschnitt" der Kurve nichts ändert, sondern nur in deren Niveau.

Diagr. 17: Relativierung von Ursprungszahlen bei unterschiedlicher Wahl der Bezugsgröße

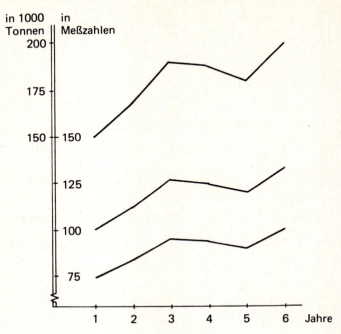

Für die Indikatorwirkung beim Reihenvergleich ist es zwingend erforderlich, daß aus dem Sachverhalt heraus überzeugend begründet wird, warum die Wahl gerade auf diesen Basiswert fiel, wenn nicht Mißtrauen in die Redlichkeit der Darstellung erweckt werden soll. Selbst ohne rechnerische Umgestaltung der Zahlen (etwa durch Gewichtung) kann eine Verlagerung des Basiswertes Anlaß zu einer optischen Irreführung geben.

Auch das läßt sich beispielhaft vorführen. Ausgehend von den Ursprungswerten von Tab. 11 könnte die Preissteigerung in irgendeiner Währungseinheit für Fleisch und Brot für 3 Jahre diagrammatisch unterschiedlich ausgewiesen werden:

Richtig ist lediglich die Aussage: die Brotpreise steigen stärker als die für Fleisch. Eine Irreführung könnte erreicht werden, wenn in einem Fall die Preissteigerung besonders kraß dargestellt wird (oberes Bild) oder aber im Gegenteil verharmlost werden soll (unteres Bild in Diagr. 18).

Tabelle 11: Vergleich der Preisentwicklung bei unterschiedlichen Basiswerten

Jahr	Brotpreis				Fleischpreis			
	in Währungs-einheit	zu Basis			in Währungs-einheit	zu Basis		
		Jahr 1	2	3		Jahr 1	2	3
1	20	100	50	33,3	200	100	90,9	83,3
2	40	200	100	66,6	220	110	100,0	91,7
3	60	300	150	100,0	240	120	109,1	100,0

Diagr. 18: Vergleich der Preisentwicklung bei unterschiedlichen Basiswerten

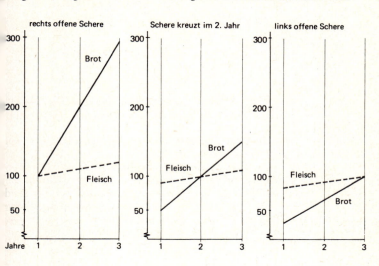

Umbasierte Meßzahlen

Erfolgt der Ausweis irgendwelcher Veränderungen in wirtschaftlichen Größen entlang der Zeit üblicherweise zu fester Basis, so könnte der Zeitvergleich nicht auf solche Reihen ausgedehnt werden, für die es zum Basiszeitraum noch keine Daten gab. Dem ist abzuhelfen, indem die vollständige Reihe auf einen Zeitpunkt oder auf eine Periode umbasiert wird, für welche eine (unverzerrte) Größenangabe aus der unvollständigen Reihe vorliegt.

Tabelle 12: Preisvergleich über umbasierte Meßzahlen*)

Jahr	Rohöl**)			Heizöl	
	US Dollar je 42 gall.	Preismeßzahlen		DM je 100 l***)	Preismeßzahlen 1970 = 100
		1962 = 100	umbasiert 1970 = 100		
1962	2,21	100,0	95,7	.	.
1968	2,21	100,0	95,7	.	.
1969	2,21	100,0	95,7	.	.
1970	2,31	104,5	100,0	11,60	100,0
1971	3,23	146,2	139,8	12,33	106,3
1972	3,68	166,5	159,3	10,96	94,5
1973	5,10	230,8	220,8	18,63	160,6

*) Zahlen entnommen aus Tab. 3, S. 444 sowie Tab. 3, S. 100, Statistisches Jahrbuch der BRD 1974.
**) Light Lybian fob Masse el Brega, 1 gallon = 3,785 l.
***) Verbraucherpreise für extra leichtes Heizöl, bei Abnahme von mindestens 5000 l frei Haus.

Die Zweckmäßigkeit des Meßzahlenvergleichs wird hier besonders deutlich, wo Volumen- bzw. Mengenangaben für die zu vergleichende Preisentwicklung differieren.
Da in beiden Fällen die Ursprungszahlen bekannt sind, könnte das Verfahren der Umbasierung überflüssig erscheinen. Deshalb sei betont, daß im Falle fehlender Ursprungswerte die Meßzahl zur neuen Basis aufgrund einer Umrechnung der Meßzahlen zur alten Basis nach dem Proportionalsatz zu den gleichen Ergebnissen führen muß, die sich bei Kenntnis der Ursprungszahlen errechnet hätten. Denn das Verhältnis 146,2:104,5 ist identisch mit dem Quotienten aus 3,23 und 2,31. (Es sei ausdrücklich darauf hingewiesen, daß bei einer Umbasierung von Indexzahlen besondere Vorsicht geboten ist. Vgl. dazu Kapitel 422.3.)

(2) Meßzahlen zur gleitenden Basis
Es kann erforderlich sein, Werte für mehrere Zeitabschnitte (Monate, Quartale) oder Zeitpunkte zu dem Zweck miteinander zu vergleichen, kurzfristige und verhältnismäßig schwache Veränderungen nach der positiven oder negativen Richtung möglichst deutlich herauszuarbeiten. Für solche Meßzahlen mit „gleitender" Basis ist der jeweils folgende Ursprungswert auf den vorangehenden zu beziehen, indem dieser gleich 100 gesetzt wird.

In der folgenden Tabelle 13 wird das in Spalte 2 dargestellt.

Tabelle 13: Meßzahlen mit wechselnder Basis und Wachstumsraten

Jahr	Produktions-zahlen	Meßzahlen jeweiliges Vorjahr = 100	Wachstums-raten in v. H.
	1	2	3
1	150	100	
2	168	112	+ 12
3	190	113	+ 13
4	188	99	− 1
5	180	96	− 4
6	200	111	+ 11

Die Differenz zwischen den Meßzahlen mit gleitender Basis und 100 ist identisch mit den häufig benötigten Wachstumsraten (Tabelle 13, Spalte 3). Diese können aber auch unmittelbar aus den Ursprungszahlen berechnet werden: Zwischen dem Bestand B zum Zeitpunkt i und demjenigen des Zeitpunktes $i-1$ beträgt die Wachstumsrate w:

4.03. $w = \dfrac{B_i - B_{i-1}}{B_{i-1}} \cdot 100$

Verkettete Meßzahlen

Mit Hilfe einer Verkettung kann ein Übergang von den Meßzahlen mit gleitender Basis zu solchen mit fester Basis gefunden werden, indem die Meßzahl aus den Werten für die Zeitpunkte 2 und 1 mit derjenigen für die Werte zum Zeitpunkt 3 und 2 multipliziert wird. Es gilt also:

4.04. $m_{2,1} \cdot m_{3,2} \dfrac{1}{100} = m_{3,1}$

Das ergibt sich aus:

$\left(\dfrac{a_2}{a_1} \cdot 100\right)\left(\dfrac{a_3}{a_2} \cdot 100\right) \cdot \dfrac{1}{100} = \dfrac{a_3}{a_1} \cdot 100$ mit a_i = Ursprungswert

421.2. Synthetische Meßzahlen

Im Falle kategorialer Homogenität wird die durchschnittliche Veränderung mehrerer Größen summenhaften Charakters durch Meßzahlen für die Summe der Ursprungsgrößen richtig wiedergegeben. Die unterschiedliche relative Veränderung der Teilgesamtheiten geht bei dem Verschmelzungsvorgang „selbstgewichtend" in die Meßzahlen für die Summe der Teilreihen ein. Das wird aus folgendem Beispiel deutlich:

Tabelle 14: Entwicklung der Beschäftigtenzahl des Wirtschaftszweiges W (in Tausend)

Jahres-durch-schnitt	Arbeiter		Angestellte		Beschäftigte	
	Anzahl	Jahr 1 = 100	Anzahl	Jahr 1 = 100	Anzahl	Jahr 1 = 100
Jahr 1	55,6	100	3,6	100	59,2	100
...	...	...	...	...	...	...
Jahr 7	76,3	137	8,0	222	84,3	142
Jahr 8	74,0	133	8,2	228	82,2	139
Jahr 9	76,6	138	8,7	242	85,3	144
Jahr 10	68,5	123	8,3	231	76,8	130
Jahr 11	53,6	96	6,8	189	60,4	102
Jahr 12	52,1	94	6,7	186	58,8	99

Sowohl in der letzten Spalte der vorstehenden Tabelle als auch in der durchgezogenen Kurve des Diagramms sind die relativ stärker schwankenden und wesentlich erhöhten Belegschaftszahlen der Angestellten enthalten. Das Übergewicht des Arbeiteranteils zieht aber die Summenkurve im Zuschnitt wie im Niveau dicht an die Kurve für die gewichtigere Teilgesamtheit heran.

Die Werte der letzten Spalte hätten auch dadurch berechnet werden können, daß die Meßzahlen gemäß der relativen Bedeutung der Teilgesamtheiten im Verhältnis zur Summe des Basisjahres gewichtet worden wären.

Wird das Verhältnis der einzelnen Reihenwerte a_j ($j = 1, 2, \ldots, n$) im Berichtszeitraum i zu den Reihenwerten des Basiszeitraums o mit $\frac{a_{i,j}}{a_{o,j}}$ ausgedrückt, so ergibt sich die synthetische Meßzahl aus dem Ansatz:

4.05. $\sum\limits_{j=1}^{n} \left(\frac{a_{i,j}}{a_{o,j}}\right) \cdot g_{o,j} \cdot 100$

Mit $g_{o,j}$ wird der Anteil der Teilgesamtheit j an der Summe der Reihenwerte zum Basiszeitraum charakterisiert.

Für das Jahr 12 der vorstehenden Tabelle gilt demnach für das Verhältnis Arbeiter zu Beschäftigten im Jahr 1:

$\frac{55,6}{59,2} \cdot 100 = 93,9$

und für das Verhältnis Angestellte zu Beschäftigten im Jahr 1:

$$\frac{3,6}{59,2} \cdot 100 = 6,1$$

Die entsprechende synthetische Meßzahl lautet somit:

$$J_{12.1} = \frac{52,1}{55,6} \cdot 93,6 + \frac{6,7}{3,6} \cdot 6,1 = 99,4$$

Diagr. 19: Entwicklung der Beschäftigtenzahl des Wirtschaftszweiges „W"
(Basiswert aus Jahr 1)

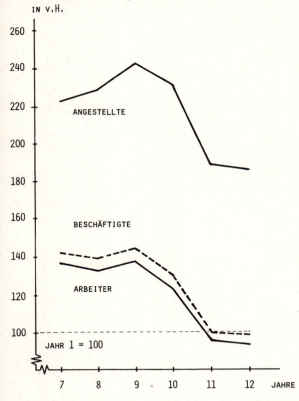

Aufschluß über die durchschnittliche Veränderung der absoluten Bewegung mehrerer gleichartiger Reihen kann demnach dadurch gefunden werden, daß die Reihen je nach der relativen Bedeutung der

Teilgesamtheit im Ausgangsjahr (oder für irgendeine andere Referenzperiode) gewichtet werden. In den Meßzahlen für die Gesamtentwicklung wird dabei das relative Gewicht der einzelnen Reihen als „Struktureffekt" wirksam. Dies gilt jedoch nur, wenn sicher ist, daß die Ursprungswerte, die den für die Teilgesamtheiten berechneten Meßzahlen zugrundeliegen, als Summanden der globalen Gesamtreihe anzusehen sind, bzw. daß diese Globalreihe aus der Addition der Teilreihen hervorgeht.

Die Verschmelzung von Meßzahlen für inhomogene (also nicht summierbare) Reihen stellt andere Anforderungen an die Suche nach einem geeigneten Wägungssystem, wenn die durchschnittliche Veränderung gemessen werden soll: Hier müssen externe Wägungsfaktoren gefunden werden, und dabei kommt die sog. Indextheorie ins Spiel.

422. Indices als gewichtete Mittelwerte aus Meßzahlen

Je nach Art der Reihenwerte, deren mittlere Entwicklung gemessen werden soll, ergeben sich andere logische und formalstatistische Anforderungen bei der Aufstellung des Wägungsschemas. Formal geht das Instrumentarium der Indextheorie, bei dem überwiegend verwendeten Ansatz nach Laspeyres, von einer Gleichung aus, die mathematisch identisch ist mit derjenigen für die synthetischen Meßzahlen.

4.06. $\quad J_{i,o} = \dfrac{\sum\limits_{j=1}^{n} \dfrac{a_{ij}}{a_{oj}} \cdot g_{oj}}{\sum\limits_{j=1}^{n} g_{oj}}$

(g_{oj} ist bei synthetischen Meßzahlen als Anteilswert definiert, bei Indices dagegen häufig als absolute Größe, wie Umsatzwerte, Transportmengen oder Beschäftigtenzahlen.)

Die Problematik der Indextheorie wird im folgenden vornehmlich anhand von Beispielen dargestellt, die auf die Messung des Preisniveaus ausgerichtet sind. Die dabei hervortretenden Verfahrensfragen, nämlich die Wahl der Indexformel und eines geeigneten Gewichtungsschemas stellen sich jedoch in gleicher Weise bei Mengenindices wie bei Wert- (bzw. Volumen-) Indices.

Grundsätzlich erfordert die Verschmelzung ungleichartiger Reihenwerte die Berücksichtigung des zu vergleichenden Sachverhalts. Deshalb sind folgende Indexkonstruktionen zu unterscheiden, und zwar nach dem logisch unterschiedlichen Wägungsverfahren, nämlich:

Indices beruhend auf einem	
Summenvergleich	Budgetvergleich
Verschmelzung inhomogener Reihen über eine Repräsentativgewichtung mit Strukturmaßzahlen (Gliederungszahlen)	Verschmelzung inhomogener Reihen über ein Gewichtungssystem, das aus standardisierten Strukturmodellen abgeleitet wird

422.1. Summenvergleich

Beim Summenvergleich werden die sachlichen Bedeutungsunterschiede zwischen den zu verschmelzenden Reihen mittels Dichte- oder Gliederungszahlen in die Rechnung einbezogen. So können etwa Lohnindices gebildet werden, indem die Meßzahlen für Lohnreihen (Ecklöhne, Monatsverdienst) gewichtet werden mit der durchschnittlichen Beschäftigtendichte im Basisjahr (je Betrieb, je Fachgruppe) oder auch mit Anteilswerten an den Gesamtbeschäftigtenzahlen. Im Preisindex für die Post- und Fernmeldegebühren sind als externe Wägungsfaktoren die Anteile der Leistungsarten bei den Gebühreneinnahmen in der Referenzperiode eingesetzt. Bei der Berechnung vieler anderer Preisindices wird nach anteiligen Umsatzwerten der Preisrepräsentanten im Basiszeitraum gewichtet.

422.2. Budgetvergleich

Während die Gewichtung beim Summenvergleich auf empirisch ermittelten Verhältniszahlen beruht, werden die Wägungsfaktoren beim Budgetvergleich aus einem Schema „typischer" Strukturkoeffizienten abgeleitet, die in einem Standardisierungsvorgang ermittelt worden sind.

Die Vorgehensweise läßt sich anhand des Preisindex für die Lebenshaltung demonstrieren, ist aber nicht auf diesen beschränkt, sondern wird mit entsprechenden Abwandlungen auch bei anderen Preisindices sowie bei Produktionsindices angewandt.

Das Wesentliche des Verfahrens liegt in der Vorgabe eines in sich geschlossenen Wägungsschemas. Beim Demonstrationsbeispiel ist dies der „Warenkorb" mit den haushaltstypischen Wertanteilen der im „Budget" zusammen-

gefaßten Verbrauchsgüter und Dienstleistungen. (Über das Standardisierungsverfahren zur Konstruktion dieses Modells vgl. Kapitel 322.2.)
Des weiteren gilt es (bei dem hier gewählten Ansatz der Reihenverschmelzung nach Laspeyres), die durchschnittliche Bewegung der im Warenkorb vertretenen Verbraucherpreise dadurch zu messen, daß dieses Wägungsschema über einen längeren Beobachtungszeitraum hinweg konstant gehalten wird. Es soll also die „Idee des Preises" beobachtet werden, unabhängig von etwaigen zwischenzeitlichen Veränderungen im Warenangebot, im Verbraucherverhalten oder im verfügbaren Einkommen der „typischen" Indexhaushalte.
Die von E. Laspeyres (1864 und 1871) hierfür vorgeschlagene Indexformel schreibt sich:

$$4.07. \quad I_{i.o} = \frac{\sum_{j} \frac{p_{ij}}{p_{oj}} \cdot p_{oj} q_{oj}}{\sum_{j} p_{oj} q_{oj}} \cdot 100 = \frac{\sum_{j} p_{ij} q_{oj}}{\sum_{j} p_{oj} q_{oj}} \cdot 100$$

mit $\frac{p_{ij}}{p_{oj}}$ = Preismeßzahl für Produkt j vom Berichtszeitraum i zum Basiszeitraum o

$p_{oj} q_{oj}$ = standardisierte Verbrauchsausgabe für das Produkt j im Budget des Basisjahres

$\sum p_{oj} q_{oj}$ = standardisiertes Budget der Verbrauchsausgaben des jeweiligen Haushaltstyps für alle im Basiszeitraum verbrauchten Güter und Dienstleistungen

Die Wägungsanteile beziehen sich nicht auf die Warenart schlechthin, sondern auf typische „Preisrepräsentanten". Dies sind die nach Qualität, Mengeneinheit und Verpackungsart individuell für jede einzelne Güteklasse im sog. preisstatistischen Katalog aufgeführten Verbrauchsgüter und Dienstleistungen. Die Preismeßzahlen für diese Preisrepräsentanten werden, nach ihrem Anteil im „Warenkorb" gewichtet, zu Gruppen verschmolzen.
So ergeben etwa die Preismeßzahlen für Leberwurst, Schnitzel, Kotelett, Rinderschmorbraten usw. einen Gruppenindex für „Fleischwaren". Die Ausgabenanteile an den typischen Verbrauchsausgaben für diese Güterart werden wiederum als Wägungsfaktoren für die jeweilige Hauptgruppe in die Rechnung eingebracht,

also z. B.: $\frac{\text{Ausgaben für Fleischwaren}}{\text{Ausgaben für Nahrungsmittel}}$.

Und diese Hauptgruppen werden nochmals in bezug auf das gesamte haushaltstypische Verbrauchsbudget relativiert. Damit wird die Beziehung

$\frac{\text{Ausgaben für Nahrungsmittel}}{\text{Verbrauchsausgaben des Indexhaushaltes}}$

als konstanter Gewichtungsfaktor aus der Basiszeit in das mehrfach hintereinander geschaltete Verfahren der Reihenverschmelzung eingebracht.

(1) Zur Beurteilung des formalen Indexansatzes

Wie aus dem Beispiel ersichtlich, bietet der formale Ansatz von Laspeyres einen doppelten Vorteil. Einmal bleiben die einander zu 1 ergänzenden Wägungsfaktoren über die Beobachtungsperiode hinweg konstant. Als weiterer Vorteil gegenüber den im folgenden darzustellenden formalen Ansätzen gilt, daß wegen der Basierung der Preismeßzahlen und des Wägungsschemas auf das Ausgangsjahr die Indexpunktzahlen untereinander vergleichbar sind, während beispielsweise bei den Ansätzen von Paasche und Fisher, wegen der Wägung mit Berichtszeitquoten, lediglich ein Vergleich mit der jeweiligen (aktuellen) Indexbasis möglich wird.

In der statistischen Praxis werden im wesentlichen die nachstehenden formalen Ansätze für die Reihenverschmelzung verwendet.

Übersicht 18: Ausgewählte Formeln für Preis- und Mengenindices *)

Name des Gelehrten	Jahr der Publikation	Formel-Nr.	Preis-Index	Mengen-Index
J. Lowe	1821	4.08.	$\dfrac{\Sigma p_{ij}\bar{q}_j}{\Sigma p_{oj}\bar{q}_j} \cdot 100$	$\dfrac{\Sigma q_{ij}\bar{p}_j}{\Sigma q_{oj}\bar{p}_j} \cdot 100$
			mit $\bar{q}$ als Mengen-, $\bar{p}$ als Preismittelwert eines Gutes j aus der Anzahl von Beobachtungsperioden	
E. Laspeyres	1864 u. 1871	4.09.	$\dfrac{\Sigma \dfrac{p_{ij}}{p_{oj}} \cdot p_{oj}q_{oj}}{\Sigma p_{oj}q_{oj}} \cdot 100$	$\dfrac{\Sigma \dfrac{q_{ij}}{q_{oj}} \cdot p_{oj}q_{oj}}{\Sigma p_{oj}q_{oj}} \cdot 100$
H. Paasche	1874	4.10.	$\dfrac{\Sigma p_{ij}q_{ij}}{\Sigma \dfrac{p_{oj}}{p_{ij}} \cdot p_{ij}q_{ij}} \cdot 100$	$\dfrac{\Sigma p_{ij}q_{ij}}{\Sigma \dfrac{q_{oj}}{q_{ij}} \cdot p_{ij}q_{ij}} \cdot 100$
M. Drobisch	1871 u. 1876	4.11.	$\left[\dfrac{\Sigma p_{ij}q_{ij}}{\Sigma q_{ij}} : \dfrac{\Sigma p_{oj}q_{oj}}{\Sigma q_{oj}}\right] \cdot 100$	$\left[\dfrac{\Sigma p_{ij}q_{ij}}{\Sigma p_{ij}} : \dfrac{\Sigma p_{oj}q_{oj}}{\Sigma p_{oj}}\right] \cdot 100$
I. Fisher	1922	4.12.	$\sqrt{\dfrac{\Sigma p_{ij}q_{oj}}{\Sigma p_{oj}q_{oj}} \cdot \dfrac{\Sigma p_{ij}q_{ij}}{\Sigma p_{oj}q_{ij}}} \cdot 100$	$\sqrt{\dfrac{\Sigma q_{ij}p_{oj}}{\Sigma q_{oj}p_{oj}} \cdot \dfrac{\Sigma q_{ij}p_{ij}}{\Sigma q_{oj}p_{ij}}} \cdot 100$

*) Alle Summen laufen über $j = 1 \ldots n$

Übersicht 19: Aussage und Ergebnis der verschiedenen Indexformeln

Preisindex nach	Fragestellung: jeweilige Basis = 100	Berechnung für die Zahlen aus Tabelle 15
Laspeyres	Was würden die im Warenkorb des Basisjahres enthaltenen Güter und Leistungen im Berichtszeitraum kosten?	$I_{i.o}^{La} = \left(\frac{13.346}{10.867}\right) \cdot 100 = 122{,}81$
Paasche	Wie haben sich die Preise zwischen Basis- und Berichtsperiode verändert unter der Annahme, sie würden mit der ihnen heute zukommenden Bedeutung gewichtet?	$I_{i.o}^{Pa} = \left(\frac{11.700}{9.940}\right) \cdot 100 = 117{,}70$
Lowe	Wie verändern sich die Preise zwischen Basis- und Berichtsjahr unter der Annahme durchschnittlicher Verbrauchsmengen im Warenkorb?	$I_{i.o}^{Lo} = \left(\frac{25.046}{20.807}\right) \cdot 100 = 120{,}37$
Drobisch	Wie verändern sich die Preise zwischen Basis- und Berichtszeitraum im Falle einer Nachfragereaktion bei den Mengen gegenüber den Preisänderungen?	$I_{i.o}^{D} = \left[\frac{11.700}{288} : \frac{10.867}{317}\right] \cdot 100 = 118{,}50$
Fisher	Wie verändern sich die Preise zwischen Basis- und Berichtszeitraum, wenn die Wägungsschemata geometrisch gemittelt würden?	$I_{i.o}^{F} = \sqrt{\frac{13.346}{10.867} \cdot \frac{11.700}{9.940}} \cdot 100$

Wie das Beispiel zeigt, führen die verschiedenen Indexformeln zu differierenden Ergebnissen.

Die bisherigen Darlegungen führen zur Frage nach dem mathematisch und inhaltlich besten formalen Ansatz.[1]) I. Fisher hat (1922) unter 134 bis dahin vorgeschlagenen Möglichkeiten für eine Normierung des Gewichtungsverfahrens 96 methodisch unterscheidbare Formeln herausgearbeitet und diese auf ihre mathematische Konsistenz geprüft.

Die wichtigsten für eine Konsistenzprüfung entwickelten Testkriterien sind durch L. v. Bortkiewicz (1927) erläutert und auf ihren Informationswert geprüft worden. Das Ergebnis dieser Untersuchung kann mit Übersicht 20 verdeutlicht werden:

---

[1]) Einer persönlichen Mitteilung zufolge ist noch im Laufe des Jahres 1975 die Publikation einer Monographie aus der Feder von Sir R. G. D. Allen zum Thema „Index Numbers in Theory and Practice" (Macmillan/London) zu erwarten. Deshalb besteht aller Anlaß, die folgenden Ausführungen als „vorläufige" letzte Einsichten in die Indexproblematik zu deklarieren.

Übersicht 20: Formale Kriterien zur Beurteilung der Indexformeln *)

Bezeichnung der Prüfverfahren	Prüfforderung (verbal)	Testergebnis für die Formeln aus Übers. 18
Unabhängigkeitsprobe	Das Ergebnis einer Indexberechnung soll von den Maßeinheiten der Ausgangsreihen unabhängig sein	Bei jedem Index vom formalen Ansatz her erfüllt
Proportionalitätsprobe Wenn für alle j gilt: $\frac{p_{ij}}{p_{oj}} = r$ bzw. $\frac{q_{ij}}{q_{oj}} = r$, soll gelten $I_{i \cdot o} = r \cdot 100$	Erfüllung einer Identitätsforderung für die Relation zwischen den Preis- (Mengen-)Verhältnissen in den Vergleichsperioden und dem berechneten Indexwert	Erfüllt bei sämtlichen aufgeführten Indexformeln. Sehr viele andere Ansätze genügen dieser Forderung nicht
Bestimmtheitsprobe Falls irgendein $p_j = 0$ (bzw. $q_j = 0$), soll nicht folgen $I_{i \cdot o} = 0$ oder $I_{i \cdot o} = \infty$	Eine Indexzahl darf nicht Null werden dadurch, daß ein Einzelwert mit Null anzusetzen ist (also beim Ausfall einer Meßzahl)	Erfüllt für alle aufgeführten Indexformeln
Rundprobe (= Circular-Test) $I_{3 \cdot 1} \stackrel{!}{=} I_{3 \cdot 2} \cdot I_{2 \cdot 1}$	Der Index soll dasselbe Zahlenergebnis bringen, unabhängig davon, ob zwei Zeiträume direkt verglichen werden oder mit Zwischenschaltung von Werten eines dritten Zeitraums	Erfüllbar nur bei dem Ansatz von J. Lowe, wegen der einheitlichen Gewichte
Faktorumkehrprobe $P_{i \cdot o} \cdot Q_{i \cdot o} \stackrel{!}{=} V_{i \cdot o}$	Als „Faktoren" werden die Preise (P) und Mengen (Q) in ihrer durch Indices gemessenen Bewegung verstanden. Gefordert wird, daß sich ein Index für die Veränderung des Wertes (V) als Produkt aus Preis- und Mengenindex errechnen läßt	**Ausschließlich erfüllt beim** Fisher-Index

*) Die Formulierung der Prüfforderung unterstellt hier (vereinfachend) einen auf 1 (nicht auf 100) normierten Index

Im deutschen Sprachbereich wird der Laspeyres-Ansatz unter dem Aspekt seiner Operationalität bevorzugt. Im angelsächsischen Sprachbereich wird häufig mit dem Fisher-Index operiert, weil er den formalen Kriterien am besten entspricht. Für den Ansatz nach Paasche und Fisher müssen jedoch die Wägungsanteile immer erneut berechnet werden. Deshalb ließe sich beispielsweise ein so starkes Wägungsschema, wie das vom Statistischen Bundesamt entwickelte, für die Berechnung des Preisindex für die Lebenshaltung, vom Arbeitsaufwand her nach dem Ansatz von Paasche oder Fisher kaum praktizieren.

Die **Aussagen** der verschiedenen Indexrelationen über die (standardisierten) Ausgabensummen differieren grundlegend:

$\sum p_{oj} q_{oj}$ = Ausgabensumme im Basisjahr

$\sum p_{ij} q_{ij}$ = Ausgabensumme im Berichtsjahr

$\sum p_{ij} q_{oj}$ = Ausgabensumme für die im Basisjahr zu Preisen des Berichtsjahres getätigten Käufe

$\sum p_{oj} q_{ij}$ = Ausgabensumme für die im Berichtsjahr zu Preisen des Basisjahres getätigten Käufe

Anhand eines Zahlenbeispiels läßt sich verdeutlichen, inwieweit die unterschiedliche Kombination von Ausgabesummen (selbst bei einem Vergleich zwischen nur 2 Zeitpunkten) zu verschiedenen Aussagen im Preisindex führen würde:

Tab. 15: Zahlenbeispiel für die Auswirkung der formalen Ansätze auf die Ergebnisse der Indexrechnung

Güterart	Preise		Mengen		theoretische Ausgabenhöhe je nach zeitlicher Blickrichtung			
	Basisjahr p_0	Berichtsjahr p_1	Basisjahr q_0	Berichtsjahr q_1	$p_0 q_0$	$p_1 q_0$	$p_0 q_1$	$p_1 q_1$
Brot	18	21	100	90	1 800	2 100	1 620	1 890
Kaffee	80	90	10	8	800	900	640	720
Kartoffeln	49	35	20	30	980	700	1 470	1 050
Butter	56	56	30	30	1 680	1 680	1 680	1 680
Milch	21	18	7	10	147	126	210	180
Fleisch	42	63	80	60	3 360	5 040	2 520	3 780
Gemüse	30	40	70	60	2 100	2 800	1 800	2 400
insgesamt	296	323	317	288	10 867	13 346	9 940	11 700

Frage und Antwort lauten bei jeder Form der Indexrechnung verschieden, und deshalb ergeben sich auch unterschiedliche Indexpunkte, wie in Übersicht 19 deutlich wird (S. 146).

(2) Inhaltliche Kriterien zur Entscheidung über den formalen Ansatz

Mit den Feststellungen zur Bedeutung der Operationalität für die Beurteilung des formalen Index-Ansatzes wurde im Grunde bereits die inhaltliche Konsistenz der einzelnen Formeln angesprochen.

Nach den Einsichten der Wirtschaftswissenschaft in das Marktgeschehen müßte im Normalfall eine negative Korrelation zwischen Mengen und Preisen bestehen. Deshalb sind folgende Überlegungen am Platz, selbst wenn lediglich über den Ansatz nach Laspeyres, Paasche und Fisher zu entscheiden wäre, weil die anderen Aggregatformeln selten verwendet werden:

1. Der Ansatz nach Laspeyres und nach Paasche würde gleiche Indexpunkte liefern, sofern sämtliche Güterpreise im gleichen Verhältnis stiegen oder fielen; denn dann wäre das Gewichtungsverhältnis ohne Bedeutung.

2. Bei unterschiedlicher Preisentwicklung tritt folgendes ein: Preissteigerungen müssen beim Laspeyres-Index stärker durchschlagen als beim Ansatz nach Paasche, denn jene Güter, die wegen relativ stärker gestiegener Preise in geringeren Mengen gekauft werden, gehen in die Index-Rechnung nach Laspeyres unverändert, d. h. mit den vormals beobachteten größeren Mengenanteilen, ein, während sie im Gewichtungsschema des Paasche-Index mit den jetzt kleineren Mengenanteilen enthalten sind.

Bei einem allgemeinen Preisrückgang muß der Paasche-Index einen größeren Preisabfall anzeigen als der Laspeyres-Index, denn die Meßzahlen für besonders stark im Preis gesunkene Güter erfahren beim Paasche-Index durch die nun größeren Mengen eine stärkere Gewichtung als beim Laspeyres-Index, wo sie mit den zuvor geltenden, geringeren Mengen gewichtet werden. So schlagen diese Güterpreise beim Paasche-Index stärker durch als beim Laspeyres-Index.

3. Mit dem „Idealindex" wird dem naheliegenden Gedanken entsprochen, einen Ausgleich zwischen den beiden Ansätzen zu suchen. Jedoch ist verschiedentlich, so insbesondere durch P. Flaskämper (1928) und O. Anderson (1957) begründet worden, daß sich ein geometrisches Mittel aus den völlig verschiedenen Produktsummen ökonomisch nicht interpretieren läßt.

Die in der Praxis deutlich bevorzugte Verwendung des Laspeyres-Ansatzes hat also außer rechentechnischen auch eine Reihe formal und inhaltlich überzeugender Gründe. Dennoch sind auch gegenüber der Indikatorfunktion der nach Laspeyres berechneten Indices Bedenken anzumelden.

Einmal ist die Wahl des Basiszeitraums mitbestimmend dafür, wie sich die durchschnittliche Niveauänderung numerisch darstellt. Falls sich die gewählte Ausgangslage nicht als hinreichend „normal"

erweist, ist nicht auszuschließen, daß die Bewegung in den Indexzahlen überzeichnet wird. Zum anderen ist es unvermeidlich, daß die ausgewiesenen Indexbewegungen mit zeitlicher Entfernung vom Basisjahr zunehmend wirklichkeitsfremd werden.
Weil das standardisierte Wägungsbudget beibehalten werden muß, wird es nötig, Techniken zu finden, mit denen sich die formalen Unzulänglichkeiten mindern oder überbrücken lassen, zumal wenn sich strukturelle Veränderungen der Marktverhältnisse ereignen, wie z. B. die Warenverdrängung von Gütern durch technischen Fortschritt oder eine Verlagerung in der Nachfrageelastizität.

422.3. *Pragmatische Anpassung des Instrumentariums an das Informationsbedürfnis*

Die aus der Konstanz des Wägungsschemas resultierende Minderung des Aussagewertes von Indexreihen, die nach dem Laspeyres-Ansatz aufgestellt werden, hat Anlaß dazu gegeben, Hilfskonstruktionen für eine Anpassung der Berechnungen an das Informationsbedürfnis wie an die sich wandelnden Markt- und Verbrauchskonstellationen zu suchen. Die verschiedenen methodischen Lösungen werden (nicht immer unter der zutreffenden Bezeichnung) wie folgt unterschieden:

Verknüpfung	Verkettung
Umbasierung von Meßzahlen in folgenden Fällen (1) Substitution von Preismeßzahlen bei Marktverdrängung eines Gutes (2) Verzahnung der Preis-Mengen-Relation im Falle der Qualitätsänderung	Umbasierung von Indexzahlen im Falle der Einführung eines neuen Wägungsschemas und/oder der Umstellung auf einen neuen Basiszeitraum

(1) Verknüpfung
Im Falle der Marktverdrängung einer Ware kann eine Verknüpfung erfolgen, indem für ausfallende Reihenwerte ersatzweise Meßzahlen gebildet und diese dann weitergeführt werden. Allerdings ist dabei vorauszusetzen, daß dem jeweiligen Substitutionsgut nach Art und Mengeneinheit näherungsweise gleiche Bedeutung im „Warenkorb" zukommt. Arithmetisch ist diese Technik völlig unproblematisch, wie das folgende Beispiel aus der amtlichen Statistik zeigt:

Tabelle 16: Verknüpfung der Preismeßzahl für ein technisches Gerät

Periode	aus dem Verkehr gezogenes Modell		vollautomatisches neues Modell	
	durchschnittl. Listenpreis mehrerer Erzeuger (solange das Angebot stand)	Meßzahl laut altem Index	durchschnittl. Listenpreis seit Neueinführung	Meßzahl aus Verknüpfung
Basis	585	100		100
1. Berichtsjahr	583	99,7	706	99,7
2. Berichtsjahr	.	.	712	100,5

Quelle: Wirtschaft und Statistik, Jg. 1963, S. 595

Eine Verknüpfung sollte ausnahmslos zu einem Zeitpunkt durchgeführt werden, in dem die Substitution eines Gutes durch ein anderes am Markt erfolgreich vollzogen wurde. Der bisherige Preisrepräsentant soll also noch angeboten werden und das Substitutionsgut soll bereits hinreichend lange Zeit am Markt sein. Mittels einer Parallelrechnung beider Meßzahlenreihen kann der optimale Substitutionszeitpunkt für die Umstellung des Index sicher erkannt werden. Von da an kann mit dem Preis für das neue Produkt weitergerechnet werden.

Ein anderes Verfahren kann gewählt werden, falls sich ein Substitutionsvorgang aus dem Grunde empfiehlt, daß eine wesentliche Qualitätsänderung im Preis durchschlägt. Hier läßt sich, wie praktische Erfahrungen beweisen, durch eine sinnvolle Verzahnung („splicing") der Gewichte eine besondere Form der Verknüpfung erreichen. Die Ausschaltung des Qualitätseinflusses auf die Preisveränderung wird dadurch herbeigeführt, daß im Verknüpfungszeitpunkt ‚t' die bisherige Gewichtungsgröße ‚q' (Mengenanteil am anteiligen Umsatz der zu substituierenden Güter A) ersetzt wird durch den Faktor

4.13. $\quad q'' = q \cdot \dfrac{p_t^A}{p_t^B}$

mit $p_t^A =$ Preis für A im Verknüpfungszeitpunkt
$p_t^B =$ Preis für B im Verknüpfungszeitpunkt

Beispielsweise könnte es erforderlich werden, in der Hauptgruppe „Körperpflegemittel" im Preisindex für den Einzelhandel für die 4. Berichtsperiode den bisherigen Preisrepräsentanten A durch einen solchen der Qualität B

zu ersetzen, weil dieser, seiner besseren Qualität wegen, stärker nachgefragt wird.
Wenn nun, nach Umrechnung des Wägungsfaktors, erstrebt wird, daß das Preismengenverhältnis für diese Warenart unverändert bleibt (und damit zugleich der Anteil dieses Preisrepräsentanten $\frac{p_0 q_0}{\Sigma p_0 q_0}$ innerhalb des Budgets), so wird es erforderlich, die Fortführung der Indexberechnung mit einer veränderten Mengenangabe vorzunehmen.

Dies wird aus folgender Demonstrationstabelle verständlich:

Tabelle 17: Verknüpfung im Falle einer Preisänderung, die auf Qualitätsänderung beruht („Splicing")

Warenart*)	Beobachtungsperioden								
	0			4			5		
	Preise in DM	Menge lt. Schema	Umsatz $p_0 q_0$	Preise p_4	Menge q_4	Umsatz $p_4 q_0$	Preise p_5	Menge q_5	Umsatz $p_5 q_0$
I	36,–	10	360,–	48,–		480,–	54,–		ohne Interesse
II				60,–	8	480,–	72,–	8	576,–
III			3240,–			3600,–			3960,–
$p_0 q_0$			3600,–			4080,–			4536,–

*) I = Toilettenseife A; II = Toilettenseife B (mit Zusatz); III = Alle anderen Körperpflegemittel.

Zunächst muß die Mengenangabe relativiert werden:
Substitution des Wägungsfaktors q durch q' (im Beispiel wäre also Ersatz der Mengenangabe für A (10) durch eine für das Gut B mit $10 \left(\frac{48}{60}\right) = 8$ erforderlich.

Danach eröffnet sich die Möglichkeit, die Preisentwicklung isoliert zu beobachten:

Nach den Angaben der Tabelle 17 ergibt sich als Gruppenindex für Körperpflegemittel in der 4. Periode ein Preisanstieg nach dem Ansatz

$$P_{0.4} = \frac{4080}{3600} \cdot 100 = 113 \text{ Indexpunkte}$$

Wäre der Index im Sinne des Laspeyres darauf beschränkt geblieben, den Preisanstieg für A zu registrieren, so hätte sich für die 5. Periode ergeben:

$$P_{0.5} = \frac{4500}{3600} \cdot 100 = 125$$

Indem nun aber auf das höherwertige Ersatzgut B abgestellt wurde, errechnet sich ein höherer Preisindex, nämlich

$$P_{0.5} = \frac{4536}{3600} \cdot 100 = 126$$

Damit wird in dem letztlich ausgewiesenen Index der Tatsache Rechnung getragen, daß für das qualitativ bessere Produkt B ein höherer Preisanstieg zu verzeichnen war als für das ursprünglich im Warenkorb enthaltene Gut A.
Wäre nun aber in diesem Fall eine Verknüpfung im Wege der einfachen Umbasierung vorgenommen worden (also Umbasierung ohne Veränderung des Mengenansatzes), so wäre gerechnet worden:

$$P_{0.5} = \frac{4680}{3600} \cdot 100 = 130$$

Und damit wäre im Index völlig abwegig als eine starke Preissteigerung ausgewiesen worden, was teilweise auf die Qualitätsverbesserung zurückzuführen war.

Die Verknüpfung ist eine Verfahrensweise, die in der amtlichen westdeutschen Statistik sehr häufig angewandt wird. Gewisse Vorstellungen über das Ausmaß von Verknüpfungsvorgängen in den amtlichen Preisindices lassen sich aus gelegentlichen Berichten gewinnen:

Übersicht 21: Austausch von Preisrepräsentanten durch Verknüpfen in der amtlichen Statistik der BRD*)

Bezeichnung des Index	Verknüpfungs- Zeitraum (Zeitpunkt)	Fälle	Begründung
Erzeugerpreisindex industrieller Produkte	1958–62	700 von 8000 Preisreihen	Produktionsaufgabe; Warenverdrängung durch Importe (40%) Qualitätsminderung der Preisrepräsentanten (25%) Ausfall der Berichtspflichtigen (25%)
Preisindex für die Lebenshaltung	1962–66	3500 von ca. 150 000 Preisreihen	Neuaufnahme von Gütern; Warenverdrängung; Ersatz wegen Qualitäts-, Sorten- oder Verpackungsänderung
Preisindex für den Einzelhandel	1966	272 von ca. 35 000 Preisreihen	Ersatz einer Ware durch „gleichartige", aber „höherwertige" oder „ähnliche" Erzeugnisse

*) Vgl. Wirtschaft und Statistik 1963/10 sowie 1965/5

Es ist (allerdings ohne Einzelnachweis) versichert worden, daß der Indexverlauf als ganzer durch die zahlreichen Verknüpfungsvorgänge nicht in seiner Richtung beeinflußt worden wäre.

Dennoch genügt diese Technik einer auf einzelne Preisrepräsentanten beschränkten Anpassung an veränderte Marktgegebenheiten nicht, wenn sich das Verbrauchsbudget und die Preis-Mengen-Relationen im Zeitablauf grundlegend verändern.

Dann wird häufig, unter der Bezeichnung „Umbasierung" eine „Verkettung" einzelner Preis- und Mengenindices vorgenommen. Das ist, wie O. Anderson sen. bereits 1952 ausführlich begründet hat, ein sehr problematisches Beginnen.

(2) Verkettung

Es bestehen keine Bedenken, etwa einen Index nach Laspeyres für die Preise von Agrarerzeugnissen, der zur Basis des Jahres 1960 vorliegt, auf eine andere Zeitbasis umzurechnen, wenn es darum geht, den Reihenverlauf mit einem Index für das Landwirtschaftseinkommen zur Basis 1966 zu vergleichen. Bei der hierzu erforderlichen Umbasierung bleibt der zu messende Sachverhalt in seinen Komponenten stabil; die unveränderten Wägungsfaktoren heben sich auf, allerdings – wie erwähnt – nur beim Laspeyres-Ansatz, also nicht bei variierendem Wägungsschema, etwa bei der Paasche-Formel.

Äußerst problematisch ist eine solche Verkettung aber – selbst beim Laspeyres-Ansatz –, falls ein und dieselbe Indexreihe auf eine neue Zeitbasis und ein verändertes Wägungsschema umgestellt werden soll, wie das gelegentlich empfohlen und in der amtlichen Statistik der BRD geübt wird. Danach sollen Gruppenindexzahlen (oder auch der Punktwert des gesamten Index) mit einem auf neuer Basis und mit geänderten Gewichten errechneten Index zu einem Zeitpunkt vor oder nach der Umstellung multiplikativ verkettet werden.

Hierbei wird einmal der Störfaktor einer verschiedenartigen Gewichtung der einzelnen Preismeßzahlen wirksam. Ohne weiteres ist aus dem Formelsatz ersichtlich, daß die „Verkettung" wegen der unterschiedlichen Wägungsfaktoren arithmetische Divergenzen auslöst.

So würde sich etwa bei der beabsichtigten Verkettung eines zur Basis 1970 gerechneten Index mit den bis 1970 zur Basis 1962 vorliegenden Indexzahlen folgende Situation ergeben:

Gefordert: $I_{72,70} \cdot I_{70,62} = I_{72,62}$

Realisierbar:

$$\frac{\sum \frac{p_{72}}{p_{70}} \cdot p_{70} \cdot q_{70}}{\sum p_{70} \cdot q_{70}} \cdot \frac{\sum \frac{p_{70}}{p_{62}} \cdot p_{62} \cdot q_{62}}{\sum p_{62} \cdot q_{62}} = ?$$

Offensichtlich lassen sich die Zwischenglieder hier nicht kürzen. Die Verkettung würde also schon vom Formalen her nicht praktikabel sein.

Selbst bei gleichem Wägungsschema wäre aber eine Verkettung der beiden Index-Reihen wegen der Basisverschiebung mathematisch kaum zu rechtfertigen. Wie L. v. Bortkiewicz (1927) bewiesen hat, dürfte das nur geschehen, wenn die Preise (p) und Mengen (q) für sämtliche Waren des Budgets von einer Periode zur anderen im gleichen Verhältnis steigen oder fallen. Formal wäre die Bedingung dafür, daß sich die Zwischenglieder der Produktkette kürzen ließen, zu schreiben:

4.14. $\sigma_x \cdot \sigma_y \cdot r_{x.y} = 0$

  mit x = Reihe der Preismeßzahlen $\frac{p_k}{p_o} \cdot 100$ für alle Positionen des Warenkorbs
  y = Mengenangaben (-anteile) im Warenkorb q_k bzw. q_o
  σ_x = Standardabweichung der Preismeßzahlen
  σ_y = Standardabweichung der Mengenanteile
  $r_{x.y}$ = Korrelationskoeffizient [2]) zwischen x und y

Die Annahme gleicher Preismeßzahlen für alle Güter ($\sigma_x = 0$) und fehlender Korrelation zwischen Preis- und Mengenentwicklung widerspricht jeglicher ökonomischer Erfahrung. Die „einfache" Verkettung ist also keinesfalls zu verantworten.

Als methodisch zulässige Lösung des Umbasierungsproblems gelten drei verschiedene Formen der „Verkettung":

	Umbasierung nach dem Proportionalansatz		
	unter Einschaltung eines Zuschlagsfaktors	im „short term linking"	durch Reihenerweiterung
praktisch angewandt	in der amtlichen Statistik der BRD	im Statistical Office des UK	im Bureau of Labor Statistics, USA

---

[2]) Zur formalen Erklärung dieses Indikators vgl. 512.3.

Die Umbasierung erfolgt im allgemeinen auf das für den neuen Index gewählte Basisjahr, das Verkettungsverfahren würde jedoch auch die Wahl einer anderen Umrechnungsbasis zulassen.

Für den Fall der Verkettung unter Einschaltung eines Zuschlagsfaktors gilt folgende Arbeitshypothese:

Gelänge es, den neuen Index mit den alten Preisangaben zurückzurechnen, so würden die beiden Indexreihen in diesem Zeitraum einen annähernd parallelen Verlauf aufweisen; genauer: der relative Abstand zwischen den jeweiligen Werten wäre konstant. Zweck einer Umbasierung muß es demnach sein, eine Niveauverlagerung der alten Indexreihe zu bewirken, um den festgestellten relativen Abstand zu eliminieren.

Dieser Abstand wird in der Rechnung berücksichtigt, indem ein „Teuerungsfaktor" (T) ermittelt wird, mit dem die Werte des alten Index zu multiplizieren sind, um sie auf das Meßzahlenniveau des neuen Index zu transformieren. Die Berechnung des Faktors T für den Zeitpunkt der Umbasierung $(t + b)$ geschieht wie folgt:

4.15. $\quad T_{(t+b)} = \dfrac{I'_{t+b}}{I_{t+b}}$

mit I' = Index zur neuen Basis
I = Index zur bisherigen Basis
I_t = Werte des bisherigen Index mit
$\quad t, t+1, \ldots, t+b-1, t+b$
I'_{t+b} = Werte des neuen Index im Zeitpunkt der Umbasierung mit $t+b, t+b+1, \ldots$

Ein Wert für den Index I', berechnet für ein Berichtsjahr, das zeitlich vor dem Umbasierungsjahr liegt, etwa für $t + b - 1$, errechnet sich nach folgender Beziehung:

4.16. $\quad I'_{t+b-1} = I_{t+b-1} \cdot T_{(t+b)}$

oder allgemein

$\quad I'_{t+b-i} = I_{t+b-i} \cdot T_{t+b} \qquad (i \leq b)$

Im wesentlichen werden die Umbasierungen des Statistischen Bundesamtes nach dieser Methode durchgeführt. Lediglich der Proportionalitätsfaktor wird in einer modifizierten Weise ermittelt, nämlich aus dem Verhältnis der alten und neuen Indexwerte eines gleichnamigen Monats, also nicht aus dem Verhältnis zweier Jahresangaben.

Bei der jüngsten Neuberechnung der Preisindices für die Lebenshaltung ist als Verknüpfungszeitpunkt der Januar 1968 gewählt worden. Die zur neuen Basis (1970) berechneten Indices wurden eigens dafür mit Originalpreisen bis Januar 1968 zurückgerechnet.

Aus der Arbeitshypothese dieser Umbasierung ergibt sich, daß von allen Veränderungen, außer denen des allgemeinen Preisniveaus, abstrahiert wird, daß insbesondere also Konstanz des Gewichtungsschemas unterstellt wird. Auch unter Verwendung ein- und derselben Preisangaben würde ja im Falle der Änderung des Wägungsschemas keine Parallelität des neu berechneten Index zum ursprünglich berechneten Index zu erwarten sein.

Insofern ist also die pragmatische Lösung sachlich unbefriedigend. Ist es doch ein essentieller Bestandteil der Neuberechnung eines Budgetindex nach der Formel Laspeyres, daß eben auch mit einem revidierten Warenkorb weitergerechnet werden soll, um inzwischen eingetretenen Veränderungen des Marktangebots und der Verbrauchsgewohnheiten Rechnung zu tragen.

Um die Auswirkungen der erforderlichen Umstellungen im Gewichtungsschema so niedrig wie möglich zu halten, wird in den meisten angelsächsischen Ländern die Praxis des „short term linking" angewandt. Mit der Forderung, die Umbasierung in kurzen Zeitabständen, also längstens nach 3–4 Jahren vorzunehmen, kann zusätzlich zur Niveaukorrektur um den Faktor T das Wägungsschema auf die veränderten Marktverhältnisse umgestellt werden.

Als letzte Variante der pragmatischen Anpassung eines Index an veränderte Marktgegebenheiten wird vorgeschlagen, bei Anwendung des Proportionalansatzes das Verfahren der „Reihenerweiterung" anzuwenden. Es beruht auf dem Gedanken, neu auf den Markt gekommene Güter in folgender Weise zusätzlich in die Berechnung des alten Index einzuführen:

Wenn der Index I_{t+b+1} für l Güter des alten Warenkorbes sowie k zusätzlich aufzunehmende Güter berechnet werden soll, dann gilt:

$$4.17. \quad I_{t+b+1} = \frac{\sum\limits_{l} \frac{p_{t+b+1}^l}{p_t^l} p_t^l q_t^l + \sum\limits_{k} \frac{p_{t+b+1}^k}{p_t^k} p_{t+b}^k q_{t+b}^k}{\sum\limits_{l} p_t^l q_t^l + \sum\limits_{k} p_{t+b}^k q_{t+b}^k}$$

Formal läuft das, wie I. Pfanzagl (1966) gezeigt hat, darauf hinaus, daß eine besondere Form der Verknüpfung vorgenommen wird. Inhaltlich ist das deshalb bedenklich, weil die für das Zusatzglied erforderlichen Preismeßzahlen zur alten Basis in aller Regel „erfunden" werden müssen; denn normalerweise stehen für neu aufzunehmende Güter aus dem Zeitpunkt t keine exakt ermittelten Preise zur Verfügung.

Unbefriedigend an diesem Verfahren ist ferner, daß zwangsläufig eine separate Gewichtung der zusätzlichen Güter mit ihren Wägungsanteilen im Warenkorb des neuen Index erfolgt; durch diese additive Verbindung der alten und neuen Güter wird die Geschlossenheit des Gewichtungsschemas zerstört, also die für einen Budgetindex wesentliche Standardisierungsfiktion, auf die sich der zwischenzeitliche Vergleich stützt.

43. Indikatoren für den Zustandsvergleich

Eine im Zusammenhang mit dem Zustandsvergleich zu definierende Massenerscheinung wird nicht zeitpunkt-fixiert behandelt wie für eine Strukturbeschreibung, sondern stellt sich als periodenbezogene Gesamtheit von gleichzeitig mit- und nebeneinander anzutreffenden Elementen dar.

Diese periodenbezogene Betrachtungsweise statistischer Daten geht auf Vorstellungen und Begriffe zurück, die im Zusammenhang mit der Erfassung und Analyse demographischer Vorgänge entwickelt worden sind, inzwischen aber auch als wirtschaftsstatistisches Instrumentarium Bedeutung erlangt haben.

Die Indikatoren für den Zustandsvergleich zielen darauf ab, die in den Beständen eintretenden Veränderungen im Zeitablauf zu beschreiben und zu messen (vgl. nochmals Kapitel 412). Als Prozeßindikatoren dienen die chronologischen Mittelwerte, nämlich: Durchschnittsbestand und mittlere Verweildauer, Umschlagshäufigkeit und Erneuerungsintensität sowie die von diesen abgeleiteten standardisierten Tafelwerte für Ereignishäufigkeiten und Übergangsquoten.

431. Zeitraumanalyse mittels chronologischer Mittelwerte

431.1. Darstellungsgesamtheiten einer periodenbezogenen Analyse

(1) Modellvorstellungen

Die einem Zustandsvergleich zugrundeliegende Fragestellung kann an folgendem Beispiel erläutert werden:

Ein Omnibus mit einer Kapazität von 30 Sitz- und 5 Stehplätzen fährt werktags im Berufsverkehr um 6.00 Uhr vom Vorort A ab und trifft um 7.20 Uhr am Bahnhof B ein. Gesamtfahrzeit t_n-t_o: 80 Minuten. Aus mehreren Zählungen ergeben sich im Mittel folgende regelmäßige Fahrgastfrequenzen:

Tabelle 18: Zahlenbeispiel zur Berechnung chronologischer Mittelwerte

Haltepunkte	Zeitangabe		Fahrgäste		
	Symbol	Uhrzeit	Zugang	Abgang	Bestand
Starthaltestelle A*)	t_0	6.00	21		21
Haltestelle 1	t_1	6.08	3		24
Haltestelle 2	t_2	6.15	10		34
Umsteigeplatz 3	t_3	6.24	6	–16	24
Haltestelle 4	t_4	6.44	9	– 4	29
Haltestelle 5	t_5	6.52	11	– 8	32
Haltestelle 6	t_6	7.02	10	– 7	35
Haltestelle 7	t_7	7.10	7	– 9	33
Endhaltestelle 8	t_8	7.20		–33	0

*) Der Wagen fährt ohne Fahrgast vor.

Sicher wäre es falsch zu behaupten, der Bus fahre durchschnittlich mit $\frac{1}{2}(B_{t_0}+B_{t_7})=\frac{21+33}{2}=27$ Fahrgästen. Denn beispielsweise ist der Bus zwischen Haltestelle 3 und 4, nämlich 20 Minuten lang, mit nur 24 Personen besetzt, im Vergleich zur Kapazität von 35 Plätzen also relativ schwach. Der mittlere Fahrgastbestand muß offensichtlich unter Einbeziehung der Anwesenheitszeiten bestimmt werden. Außerdem könnte es interessieren, wieviele Fahrgäste das Beförderungsmittel für Kurzstrecken benutzen und wieviele im allgemeinen die Gesamtstrecke abfahren. Hierbei käme also dem Zeitfaktor unmittelbares Interesse zu, d.h. es wäre nach der durchschnittlichen Verweilzeit zu fragen.

Demnach richtet sich die wesentliche Fragestellung des periodenbezogenen, statistischen Vergleichs auf folgende Indikatoren:

Arten	Chronologische Mittelwerte	
	Durchschnittsbestand	Mittlere Verweildauer
definiert als	Mittlerer Bestand während einer Beobachtungsperiode	Mittlere Anwesenheitszeit der Elemente einer Gesamtheit
im Beispiel	Durchschnittliche Anzahl von Fahrgästen im Bus zwischen Start- u. Endhaltestelle	Mittlere Fahrzeit aller Personen, die zwischen Start- u. Endhaltestelle im Bus befördert wurden

Das Modell für die Bestimmung dieser Zeitraummittelwerte läßt sich geometrisch verdeutlichen, wie dies im Zusammenhang mit einer mathematischen Grundlegung der Bevölkerungsvorgänge 1874 durch G. F. Knapp und im gleichen Jahr – operational verbessert – durch K. Becker entwickelt worden ist. Beiden Autoren ging es um die Analyse der Sterblichkeit. Deshalb befaßten sie sich nicht mit den massiert (bei einer Haltestelle, mit Semesterbeginn, bei Lageraufstockung usw.) erfolgenden Zu- und Abgangsereignissen, sondern mit individuell eintretenden Abgängen. Mit der damals entwickelten, geometrischen Modellvorstellung des sog. „Becker-Diagramms" lassen sich Zugang, Verweilen und Ausscheiden eines jeden Elements innerhalb eines kalendarisch unterteilten quadratischen Rahmens zeitlich exakt beschreiben:

(a) Die Abszisse wird zur Zeitachse der Beobachtung. Sie ist in möglichst kurze, äquidistante Zeiteinheiten unterteilt.

(b) Zu- und Abgänge erscheinen als Anfangs- und Endpunkte von Verweillinien, die parallel zur Abszisse so abgetragen werden, daß sich der Zeitpunkt des Ereignisses „Zugang" bzw. „Ausscheiden" lotrecht von der Beobachtungsachse aus fixieren läßt. Auf diese Weise ist die Verweilzeit eines jeden Elements durch eine Strecke exakt beschrieben. Der Bestand der in einer Periode nebeneinander anzutreffenden Elemente wird deshalb Bestandsmasse oder nach W. Winkler (1931) auch „Streckenmasse" genannt. Die Summe der individuellen Verweilzeiten aller n Elemente, die im Zeitintervall $[t', t'']$ zur Bestandsmasse gehört haben, ergibt den Zeitmengenbestand.

(c) Indem nun auf einer gleich unterteilten Ordinate die Ereigniszeit abgetragen wird, um die in einem Zeitpunkt realisierten Ereignisse (Geburten, Kfz-Zulassungen, Immatrikulationen usw.) geometrisch im richtigen Abstand zur Beobachtungsachse zu verzeichnen, läßt sich auf einer Winkelhalbierenden zwischen Beobachtungs- und Ereignisachse ablesen, in welchem Zeitpunkt die diskreten Einzelereignisse zu einer Vermehrung der Streckenmasse, und damit zu deren Zustandsveränderung, beigetragen haben.

Diese Modellvorstellung läßt sich auf ein praktisches Beispiel übertragen, um zu demonstrieren, welchen Informationsgehalt das Becker-Diagramm vermittelt.

Gefragt sei nach der durchschnittlichen Belegung eines Privatsanatoriums in Abhängigkeit von verschieden terminierten Zugangsentscheidungen und unterschiedlicher Aufenthaltsdauer über ein Jahr hinweg:

Diagr. 20: Durchschnittliche Aufenthaltsdauer und mittlere Kapazitätsauslastung des Bettenbestandes eines Privatsanatoriums

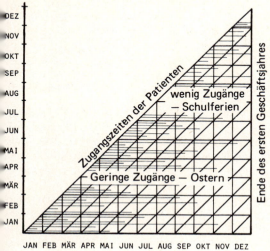

Aus einem solchen Diagramm läßt sich erkennen, daß die Belegung des Hauses von Ende Juni bis Mitte Oktober sehr stark war. Auch wird ersichtlich, wann außergewöhnliche Einflüsse (Feiertage, Ferienbeginn) auf Zugang oder Verbleiben eingewirkt haben. Für etwaige Wirtschaftlichkeitsüberlegungen sind darüber hinaus exaktere Indikatoren erforderlich, nämlich die unter 431.2. dargestellten chronologischen Mittelwerte.

Aus den Modellvorstellungen des Becker-Diagramms lassen sich darüber hinaus systematische Unterscheidungen für die Gesamtheiten ableiten, die zur Bestimmung der einzelnen Periodenmittelwerte beachtet werden müssen: siehe Tabelle S. 162.

In der Bestandsgesamtheit wird somit der Periodenbestand hinsichtlich der Zu- und Abgangszeitpunkte aller einzelnen Elemente abgebildet. Die Erfassung dieser Zeitpunkte (und damit die Definition der individuellen Verweilstrecken) ist davon abhängig, ob von einem vor-

	Bestandsgesamtheit*) (Streckenmasse)	Ereignisgesamtheit (Punktmasse)
Definition	Gesamtheit von Elementen, die sich im Zeitraum t', t'' in einem eindeutig abgegrenzten Raum befinden	Gesamtheit von Ereignissen (Zu- und Abgängen), die zu bestimmten Zeitpunkten oder während kurzer Zeitintervalle eintreten und damit das Volumen der Bestandsgesamtheit verändern
Beispiele	Bevölkerung der Stadt X, Lagerbestand der Firma Z	Geburten, Todesfälle, Wareneingang, Lagerentnahme

*) In der älteren Lehrbuchliteratur nach G. v. Mayr (1922) „Bewegungsmasse" bezeichnet.

handenen Bestand aus zu argumentieren ist (wie z. B. bei der Maschinen- oder Lagerstatistik, bei einer Ermittlung der durchschnittlichen Lebensdauer von Personen, Gebäuden, Kraftfahrzeugen usw.) oder ob weder zu Beginn noch am Ende der Beobachtungsperiode eine Bestandsmasse vorhanden ist (wie in dem Beispiel der Fahrgastfrequenzen).

Je nachdem, ob mit einem Anfangs- oder Endbestand gerechnet werden muß oder nicht, können sich die Bestandsgesamtheiten als „geschlossene" oder „offene" Streckenmassen darstellen:

Die Erfassung der Einheiten einer geschlossenen Masse erfolgt, ausgehend vom Anfangsbestand Null, prospektiv, wie im Demonstrationsbeispiel, tabellarisch dargestellt ist. Der Zwischenbestand kann sich durch Zugänge vorübergehend erhöhen oder auch durch Abgänge mindern. Die Beobachtungsperiode wird geschlossen mit dem Ausscheiden des letzten Elements, d. h. beim Endbestand Null.

Bei offenen Streckenmassen sind Anfangs- und Endbestand ungleich Null. Die Mehrheit der bevölkerungs- und wirtschaftsstatistischen Gesamtheiten stellt sich als offene Massen dar.

(2) Realisierung des Modells für den Zustandsvergleich

Der im Diagramm 20 abgebildete Verlauf der Bettenbelegung ist eine geometrische Darstellung für eine links und rechts geschlossene Masse. In einer Untersuchung über Studierendenbestände und Studiendauer hat H. J. Schulze (1968) recht anschaulich illustriert, wie sich eine entsprechende Darstellung und statistische Messung bei offenen Streckenmassen durchführen läßt. Schwierigkeiten bereitet hierbei die Tatsache, daß Anfangs- und Endbestand nicht gleich Null sind.

In Fällen dieser Art vollziehen sich die Zu- und Abgänge massenweise zu Beginn und Ende eines jeden Teilzeitabschnitts (hier: bei Semesterbeginn). Das eröffnet die Möglichkeit, von einem Anfangsbestand $B_{t'} = O$ aus zu operieren, indem von irgendeinem frei bestimmten Beobachtungspunkt an lediglich die Zugänge ermittelt werden, um nach einer sachgerecht bemessenen Zeitspanne (hier: einige Semester über die Regelstudienzeit hinaus) die Beobachtung abzuschneiden. Damit wäre die sog. prospektive Erfassung der Streckenmasse (links geschlossen und rechts abgeschnitten) vollzogen, und es könnten die Abgänge, auch solche vor Abschluß des Studiums (Hochschulwechsel, Studienabbruch), zusammen mit den Neuzugängen jeweils zu Beginn eines Semesters ausgewiesen werden, um auf diese Weise die Bestandsveränderungen fortzuschreiben.

Die Fortschreibung erfolgt, wie üblich, nach der Formel:

4.18. $B_{t_{i+k}} = B_{t_i} + Z - A$
mit B_{t_i} = Ausgangsbestand im Zeitpunkt t_i
$B_{t_{i+k}}$ = Neuer Bestand im Zeitpunkt t_k (nach Ablauf der Beobachtungszeit $t_{i+k} - t_i$)
Z = Ereignisgesamtheit aller Zugänge von Elementen im Zeitabschnitt $t_{i+k} - t_i$
A = Ereignisgesamtheit aller Abgänge (Dekremente) im Zeitabschnitt $t_{i+k} - t_i$

Ein anderer Ansatz dafür, den Ereignisablauf für offene Streckenmassen innerhalb einer Beobachtungsperiode zu beschreiben, geht von einer retrospektiven Erfassung der Elemente der Gesamtheit am Ende des abgeschnittenen Gesamtverlaufs aus, also von irgendeiner Schnittstelle mit dem Beobachtungszeitpunkt t''. (So etwa die Erfassung des Heiratsdatums der zur Völkszählung im Jahre 1970 lebenden Ehefrauen zur Ermittlung der Ehedauer.)

Der Vorteil der retrospektiven Betrachtung liegt darin, daß sich im Zustandsvergleich Regelmäßigkeiten für die Streckenmasse aufdecken lassen, ohne daß eine lange Beobachtungszeit abgewartet werden müßte. Andererseits bietet sich bei einer primärstatistischen Erfassung des Endbestandes keine Information über den vorhergegangenen Ausfall (drop out) von Elementen; deshalb läßt sich auch deren Bedeutung für Volumen und Struktur der Streckenmasse mit einer retrospektiven Erhebung nicht beschreiben.

431.2. Ableitung der chronologischen Mittelwerte

Für die Berechnung von chronologischen Mittelwerten sind vornehmlich folgende Unterscheidungen zu treffen:

Mittlerer Bestand $(B_\varnothing)$	Mittlere Verweildauer $(D_\varnothing)$	Umschlagshäufigkeit (U)
Der durchschnittliche Bestand während der Beobachtungsperiode $t''-t'$, abgeleitet aus dem Zeitmengenbestand	Die mittlere Verweilzeit der Elemente im Bestand während der Beobachtungsperiode $t''-t'$ für geschlossene Streckenmassen abzuleiten aus dem Zeitmengenbestand für offene Streckenmassen nur näherungsweise zu schätzen	Das Verhältnis von Beobachtungszeitraum und mittlerer Verweildauer bzw. zwischen der Summe aller Abgänge und dem Durchschnittsbestand

Obgleich offensichtlich die Fragestellung auf verschiedenartige Informationen gerichtet ist, greift die Ableitung der Indikatoren mehrfach ineinander.

(1) Zeitmengenbestand
Die Berechnung des durchschnittlichen Periodenbestandes setzt voraus, daß der Zeitmengenbestand entlang der Zeit richtig ermittelt wird. Eine solche künstlich links geschlossene Gesamtheit ließe sich auch für die prospektive Erfassung der Bettenbelegung (vgl. Diagramm 20) vom 1. August an abgrenzen.

Grundsätzlich muß für diesen Zweck im Denkmodell die gesamte Beobachtungsperiode $t''-t'$ in zahlreiche kurze, äquidistante Zeitabschnitte unterteilt werden. Sofern für jeden Endpunkt der Zeitintervalle ein Bestand festgestellt werden kann (im Fremdenverkehr z.B. aufgrund der Meldezettel), ließe sich die Bestandsbewegung geometrisch wie folgt beschreiben: siehe Diagramm 21.

Unter der Annahme linearer Verbundenheit (tägliche Meldung von an- und abreisenden Gästen) entstehen (wie im Diagramm angedeutet) zwischen Kurvenzug und Zeitachse schmale Flächen, deren Inhalte nach der Trapez-Formel zu berechnen wären:

4.18. $$F = \frac{B_{t_i} + B_{t_{i+1}}}{2} (t_{i+1} - t_i)$$

Der Zeitmengenbestand D ergibt sich als Summe der für sämtliche Kurzperioden ermittelten Zeitmengenbestände. Dabei ist folgendes zu berücksichtigen: Die k Zeitintervalle $(t_{i+1} - t_i)$ sind untereinander gleich; deshalb sind sie auch gleich $\left(\frac{t''-t'}{k}\right)$. Daraus ergibt sich der Zeitmengenbestand für eine aus k kurzen Zeitabschnitten bestehenden Periode $t'' - t'$ mit

4.19a. $D = \left(\dfrac{B_{t_0} + B_{t_1}}{2} + \dfrac{B_{t_1} + B_{t_2}}{2} + \cdots + \dfrac{B_{t_{k-1}} + B_{t_k}}{2}\right)\left(\dfrac{t'' - t'}{k}\right)$

Vereinfacht kann geschrieben werden:

4.19b. $D = \left(\dfrac{B_{t_0}}{2} + B_{t_1} + B_{t_2} + \cdots + \dfrac{B_{t_k}}{2}\right)\left(\dfrac{t'' - t'}{k}\right)$

Diese Formel gilt definitionsgemäß unter zwei einschränkenden Bedingungen: Die Zeitintervalle für die Bestandsermittlung müssen äquidistant und die Bestandsentwicklung zwischen zwei Meßzeitpunkten muß linear sein.

Diagr. 21: Äquidistante Bestandsfeststellungen

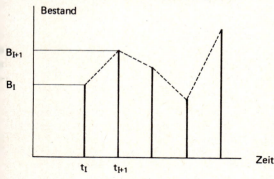

Falls keine Äquidistanz der Meßzeitpunkte besteht, während es aber plausibel erscheint, daß die Bestandsfunktion zwischen zwei Meßzeitpunkten linear verläuft, kann die Berechnung des Zeitmengenbestandes nach folgendem Ansatz vorgenommen werden:

4.20. $D = \sum_{i=0}^{k-1} \dfrac{B_{t_i} + B_{t_{i+1}}}{2} (t_{i+1} - t_i)$

Wenn Zeitpunkt und Menge der Zu- und Abgänge bekannt sind, etwa aus einer Lagerbuchhaltung, so kann der genaue Verlauf der Bestandsfunktion ermittelt werden, aus der für jeden beliebigen Zeitpunkt die Höhe des Bestandes abzulesen ist.

Jede Bestandsmasse B_{t_i} existiert unverändert im Zeitintervall $t_{i+1} - t_i$. Indem der Zeitmengenbestand als Fläche unter der Bestandsfunktion definiert wird, läßt er sich auch wie folgt berechnen:

4.21. $D = \sum\limits_{i=0}^{k-1} B_{t_i}(t_{i+1} - t_i)$ wobei $t_0 = t'$ und $t_k = t''$

Sofern es sich ermitteln läßt, wie lange die n einzelnen Elemente dem Bestand angehört haben, kann der Zeitmengenbestand auch als Summe der individuellen Verweilzeiten (d_j) berechnet werden:

4.22. $D = \sum\limits_{j=1}^{n} d_j$

(2) Durchschnittsbestand

Der mittlere Bestand innerhalb einer Beobachtungsperiode $t'' - t'$ ergibt sich aus dem Zusammenhang

4.23. $B_\emptyset = \dfrac{D}{t'' - t'}$

in unterschiedlicher Weise, je nachdem, auf welche Weise der Zeitmengenbestand ermittelt wurde.

(3) Mittlere Verweildauer

Die durchschnittliche Verweilzeit $D_\emptyset$ aller n Elemente, die im Beobachtungszeitraum der Streckenmasse angehört haben, ist für geschlossene Massen wie folgt definiert:

4.24. $D_\emptyset = \dfrac{D}{n}$

Bei Kenntnis der Bestandsfunktion bietet es sich an, die mit der Anzahl von Elementen gewichteten Zeitintervalle durch die Anzahl der Elemente zu dividieren, die dem Bestand zu irgendeinem Zeitpunkt während des Beobachtungsintervalls angehört haben:

$$D_\emptyset = \sum_{i=0}^{k-1} \frac{B_{t_i}(t_{i+1} - t_i)}{n}$$

In Anwendung der bisher erörterten Begriffe auf das Fahrgastbeispiel zeigt sich im Diagramm die Bestandsfunktion, aus welcher auch der Begriff des mittleren Bestandes ($B_\varnothing$) unmittelbar ersichtlich gemacht wird.

Diagr. 22: Bestandsfunktion und mittlerer Bestand für das Demonstrationsbeispiel

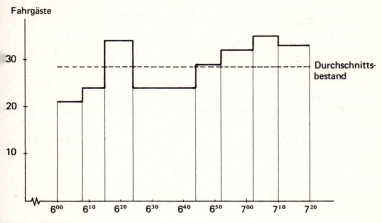

Quelle: Tabelle 18 und 19

Aus den Einzelangaben von Tabelle 18 läßt sich die Arbeitstabelle darstellen, aus welcher sich die chronologischen Mittelwerte rechnerisch bestimmen lassen:

Tabelle 19: Arbeitstabelle zur Berechnung des Zeitmengenbestandes

Länge der Teilzeitstrecken in Minuten	Bestände zwischen d. Zeitpunkten t_i u. t_{i+1}	Zeitmengenbestand je Teilstrecke
$t_{i+1} - t_i$	B_{t_i}	$B_i(t_{i+1} - t_i)$
8	21	168
7	24	168
9	34	306
20	24	480
8	29	232
10	32	320
8	35	280
10	39	330
80		2284

Daraus berechnen sich der Durchschnittsbestand:

$$B_{\emptyset} = \frac{\sum B_{t_i}\,(t_{i+1} - t_i)}{t'' - t'} = \frac{2284}{80} = 28{,}6 \text{ Personen}$$

und die mittlere Verweildauer:

$$D_{\emptyset} = \frac{\sum B_{t_i}\,(t_{i+1} - t_i)}{n} = \frac{2284}{77} = 29{,}53 \text{ Minuten}$$

Für links offene Massen ist die Abschätzung der mittleren Verweildauer in gleicher Weise möglich, sofern für jedes zu Beginn der Beobachtungsperiode bereits vorhandene Element der Zeitpunkt seines Eintritts in die Masse inventarisiert werden kann (retrospektive Erhebung). Andernfalls muß eine näherungsweise Bestimmung erfolgen.
Dazu müßten folgende Annahmen glaubhaft sein:
(a) Die Elemente, deren Verweilstrecken nur teilweise innerhalb des Beobachtungszeitraums liegen, verbringen im Durchschnitt je die Hälfte ihrer Verweilzeit innerhalb und außerhalb des geschlossenen Zeitraums.
(b) Diese Verweilzeit stimmt mit der mittleren Verweildauer derjenigen Elemente überein, die gänzlich innerhalb der Periode zu erfassen sind.
Wenn diese Annahmen plausibel erscheinen, so kann der Zeitmengenbestand geschätzt werden nach der Formel

4.25. $D^* = B_{\emptyset}(t'' - t') + D'' - D'$,

> wobei D'' = Zeitmengenbestand außerhalb des Beobachtungsintervalls für die nach t'' im Bestand verbleibenden Elemente
>
> D' = Zeitmengenbestand innerhalb des Beobachtungsintervalls für die aus vorhergehenden Zeiträumen übernommenen Elemente

Unter der Voraussetzung, daß die Elemente bei Überschreiten einer der beiden Zeitgrenzen im Durchschnitt jeweils die Hälfte der üblichen Verweildauer hinter sich haben, kann auch geschrieben werden:

4.26a. $D^* = B_{\emptyset}\,(t'' - t') + (B_{t''} - B_{t'})\dfrac{D_{\emptyset}}{2}$

Da die Differenz zwischen End- und Ausgangsbestand $(B_{t''} - B_{t'})$ gleich der Differenz zwischen der Anzahl von Zugängen und Anzahl von Abgängen im Zeitraum $t'' - t'$ ist, gilt auch

4.26b. $D^* = B_{\emptyset}\,(t'' - t') + (Z - A)\dfrac{D_{\emptyset}}{2}$

Dieser Ausdruck kann nun in die Definitionsformel für $D_\varnothing$ (4.24.) eingebracht werden. Denn n im Nenner von 4.24 ist bei den hier zugrunde gelegten Annahmen für D^* identisch mit der Zahl der Zugänge. Damit ergibt sich

4.27 a. $D_\varnothing = \dfrac{B_\varnothing (t'' - t') + (Z - A) \dfrac{D_\varnothing}{2}}{Z}$

Um die gesuchte Größe $D_\varnothing$, die auf beiden Seiten der Gleichung auftritt, explizit darstellen zu können, wird folgende Umformung erforderlich:

4.27 b. $D_\varnothing = \dfrac{2 B_\varnothing (t'' - t')}{A + Z}$

Und somit ergibt sich schließlich

4.27 c. $D_\varnothing = \dfrac{2 D}{A + Z}$

H. Kellerer hat (1958) bewiesen, daß die solcherart berechneten Ergebnisse hinreichend genau sind, wenn der Beobachtungszeitraum zumindest das Vierfache der mittleren Verweildauer beträgt.
Das Näherungsverfahren bringt deshalb auf zahlreiche Fragen der betrieblichen Praxis recht gute Antworten, so etwa für die Lagerkalkulation, die mittlere Liegezeit von Schiffen in Seehäfen, den Erneuerungsbedarf an Produktions- und Transportmitteln u. a. m.
Sofern jedoch der für eine zutreffende Absicherung der mittleren Verweildauer erforderliche Zeitraum sehr lange würde, ist zu befürchten, daß zwischenzeitlich das Verhalten der Elemente wesentlichen Änderungen unterworfen ist, wodurch die Identität des Bestandes verlorenginge.

Als Beispiel für einen derartigen Identitätswandel kann die Fragestellung nach der durchschnittlichen Studiendauer an Universitäten dienen. Da eine „geschlossene" Masse von Studierenden eines Fachbereichs nur willkürlich abzugrenzen wäre, müßte (etwa beim juristischen Studium) nach der Kellerer-Faustregel ein Zeitraum von etwa 36 Semestern erfaßt werden, um zuverlässige Aussagen machen zu können. In der Zwischenzeit könnte beispielsweise der Erlaß einer neuen Prüfungsordnung oder neuer Richtlinien für die Vergabe von Studienstipendien Wandlungen im Curriculum wie im Studienabschluß bewirkt haben. Damit würde die Feststellung einer mittleren Studiendauer sinnlos.

Angemerkt sei ausdrücklich, daß in bezug auf die Beurteilung des Zeitmengenbestandes und der Verweildauer die Problematik der Identität der Elemente ohne Belang ist: Wichtig ist lediglich die Identität des Kollektivs! Das ist leicht einzusehen: Wenn es nach handelsüblichen Bedingungen etwa zulässig wäre, Bausteine innerhalb bestimmter Grenzen der Bruchfestigkeit ausschließlich nach den Abmessungen zu liefern, so würden Lagerzu- oder -abgänge von Steinen geringerer Qualität auf die Zeitmengenstatistik keinen Einfluß haben. Spielen dagegen Qualitätsunterschiede von irgendwelchem Zeitpunkt an eine Rolle, so wäre von da an die Bestandskontrolle auf zwei sortenverschiedene Bestandsgesamtheiten auszudehnen.

(4) Umschlagshäufigkeit und Erneuerungsintensität
Die praktische Nutzanwendung der chronologischen Mittelwerte zur Kennzeichnung betriebs- und volkswirtschaftlicher Sachverhalte ergibt sich unmittelbar aus ihrer Definition.

Die mittlere Verweildauer von Lagerbeständen, die durchschnittliche Belegung von Krankenhausbetten oder Theaterplätzen sind ebenso eindeutige Informationen wie die mittlere Dauer der Arbeitslosigkeit nach Berufen, die mittlere Krankheitsdauer nach Tagen usw.

Darüber hinaus hat sich für die innerbetriebliche Statistik die Ableitung von Umschlagshäufigkeit bzw. Erneuerungsintensität als nützlich erwiesen.

Mit dem Indikator U für die Umschlagshäufigkeit wird die Länge des Beobachtungszeitraums in Bezug gesetzt zur mittleren Verweildauer, um damit die innerhalb der Periode $t''-t'$ mögliche (oder erforderliche) Umsetzung des Bestandes durch Neuzugänge zu charakterisieren. Allgemein gilt deshalb

4.28 a. $\quad U = \dfrac{t'' - t'}{D_\emptyset}$

Falls die zu vergleichenden Tatbestände auf gleich langen Beobachtungsperioden beruhen und in gleichen Zeiteinheiten angegeben sind (etwa: $t''-t' = 1$ Jahr, 1 Monat), kann auch geschrieben werden:

4.28 b. $\quad U = \dfrac{1}{D_\emptyset}$

In solchen Fällen kann die Umschlagszahl auch als Kehrwert der in Zeiteinheiten gemessenen mittleren Verweildauer definiert werden.

Ist also die mittlere Verweildauer von Neonröhren am Händlerlager ¼ Jahr, dann ergibt sich die jährliche Umschlagshäufigkeit mit $U = \frac{1}{\frac{1}{4}} = 4$ (entsprechend auch in Monaten: $U = \frac{12}{3} = 4$).

Eine weitere Möglichkeit zur Bestimmung der Umschlagshäufigkeit besteht darin, die Identität zwischen der Anzahl der jeweils im Bestand einer geschlossenen Masse befindlichen Elemente „n" und der Gesamtzahl der Dekremente ($A_{t''-t'}$) zu nutzen, falls die Abgänge während der Beobachtungsperiode registriert worden sind. Dann läßt sich nämlich folgende Entsprechungszahl zwischen der Anzahl der Abgänge und dem Durchschnittsbestand bilden:

4.28 c. $U = \frac{A_{t''-t'}}{B_\emptyset}$

Wenn der Bestand an installierten Leuchtröhren durchschnittlich je Straßenabschnitt 150 Stück beträgt und im Ablauf eines Jahres ein Ersatzbedarf von 225 Stück registriert wird, dann gilt nach Formel (4.28.c)

$U = \frac{225}{150} = 1,5$

Auch für offene Massen lassen sich die entsprechenden Formeln unschwer ableiten. Für diese ist von Formel 4.27.c auszugehen und deshalb kann geschrieben werden

4.28 d. $U = \frac{1}{2} \frac{(A_{t''-t'} + Z_{t''-t'})}{B_\emptyset}$

Von der Umschlagshäufigkeit aus läßt sich die sog. Erneuerungsintensität messen, mit welcher die innerhalb einer geschlossenen Masse bestehende Mobilität zu charakterisieren ist; anders gesagt: die Bedeutung der innerhalb eines Beobachtungszeitraums erfaßten Abgänge für die Erneuerung der Bestandsmasse. Dieser Indikator ergibt sich als Entsprechungszahl zwischen der Summe der Dekremente ($A_{t''-t'}$) und der Gesamtheit aller Elemente, die während der Beobachtungsperiode hätten ausscheiden können:

4.29. $V = \frac{A_{t''-t'}}{B_{t'} + Z_{t''-t'}}$

Angenommen, der Anfangsbestand an Leuchtröhren beliefe sich auf $B_{t'} = 150$ Stück. In Abständen von je 2 Monaten, also sechsmal jährlich, wird er durch Nachlieferung von jeweils 15 Stück aufgefüllt; dann errechnet sich bei dem Ausfall von 225 Stück pro Jahr eine Erneuerungsintensität von

$$V = \frac{225}{150 + (15) \cdot 6} = \frac{225}{240} = 0{,}94$$

Stets ergibt sich, daß die Erneuerungsintensität $V \leq 1$. Denn V wird Null, falls keine Abgänge stattfinden oder wenn überdimensionale Bestandszugänge eintreten. V wird Eins beim vollständigen Abbau des Bestandes.

Bei diesen letzten Prozeßindikatoren ist, mehr noch als bei den zuvor dargestellten chronologischen Mittelwerten, zu beachten, daß die Häufigkeit der Bestandsveränderungen innerhalb der Beobachtungsperiode nur dann richtig wiedergegeben wird, wenn die Meßzeitpunkte sachgerecht bestimmt werden. Im Wirtschaftsleben gibt es zahlreiche Vorgänge, die sich nur kurzfristig, aber kumulativ massenweise vollziehen, wodurch sich an bestimmten regelmäßig wiederkehrenden Zeitpunkten Bestandsspitzen ergeben. Würden nun durch „blinde" Festlegung der Erhebungszeitpunkte immer wieder die Bestandsspitzen zur Berechnung herangezogen (Kontenstand vor Monatsende oder Steuerterminen, Parkplatzbelegung, Kundenzahl und Kassenbestände vor Ladenschluß), so würden sich aufgrund dieser ruckartig und nur für kurze Frist überhöhten Bestandszahlen verzerrte Indikatoren ergeben, wie aus Diagramm 23 unmittelbar ersehen werden kann.

Hier ist an R. von Mises (1931) zu erinnern, der darauf aufmerksam gemacht hat, daß gerade die äquidistanten Auswahlabstände, die für die Messung im hier behandelten Zusammenhang gefordert werden, zu einem verzerrten Abbild der Wirklichkeit führen können. Er exemplifizierte an den Randsteinen von Fernstraßen: Wird die Auswahl im Abstand 10 bei einem großen Kilometerstein begonnen, so gelangen nur diese großen Steine ins Bild. Fällt die erste Wahl auf einen kleinen 100-Meter-Stein, so wird (beim gleichen Abstand 10) niemals ein Kilometerstein in die Rechnung einbezogen!

(5) Chronologischer Zentralwert (Konstruktion einer Abgangsordnung)
Um eine Information darüber zu gewinnen, welche Bedeutung die Intensität (bzw. die zeitliche Verteilung) der Ausfälle für die Verweil-

dauer einer Streckenmasse hat, ist schon frühzeitig das Instrumentarium einer Absterbeordnung entwickelt worden. Zur Ermittlung einer solchen Abgangsordnung ist von einem Anfangsbestand $B_{t'}$ aus-

Diagr. 23: Beispiel für richtige und falsche Festlegung äquidistanter Meßzeitpunkte

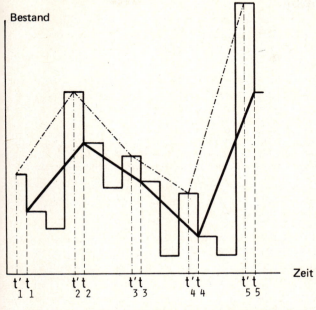

——————— = richtige Annäherung an die Bestandsfunktion

—·—·—·— = falsche Annäherung an die Bestandsfunktion

zugehen; dieser wird durch fortlaufende Lagerentnahmen oder andere Abgänge bis zum Endbestand $B_{t''} = 0$ reduziert, wobei vorauszusetzen ist, daß keine Zugänge erfolgen. In Diagramm 24 ergibt sich die Abgangsordnung (Abgänge aus Tabelle 20 kumuliert) spiegelbildlich aus der Bestandsfunktion.

Tabelle 20: Verbleibendentafel für den Studienverlauf des Erstimmatrikulierten-Jahrgangs Sommersemester 1970 an der Universität E^*)

Semester	Bestände	Anzahl der Abgänge	Abgänge kumuliert	Verbleibender Bestand in vH
SS 1970	2600	20	20	100
WS 1970/71	2580	50	70	99,2
SS 1971	2530	240	310	97,3
WS 1971/72	2290	230	540	88,1
SS 1972	2060	560	1100	79,2
WS 1972/73	1500	460	1560	57,7
SS 1973	1040	320	1880	40,0
WS 1973/74	720	250	2130	27,7
SS 1974	470	130	2260	18,1
WS 1974/75	340	120	2380	13,1
SS 1975	220	110	2490	8,5
WS 1975/76	110	80	2570	4,2
SS 1976	30	30	2600	1,2

*) Der Anfangsbestand wird durch die Erstimmatrikulation erfaßt. Die Abgänge werden dadurch aktenkundig, daß bei Studienabbruch oder Hochschulwechsel eine Exmatrikel beantragt wird bzw. daß keine Rückmeldung der immatrikulierten Studenten erfolgt.

Der Ausgangsbestand wird nach dieser Abgangstafel am Ende des Wintersemesters 1972/73 auf die Hälfte reduziert. Graphisch stellt sich dieser chronologische Zentralwert wie folgt dar:

Diagr. 24: Verbleibendenkurve für die Erstimmatrikulierten des Sommersemesters 1970 an der Universität „E"

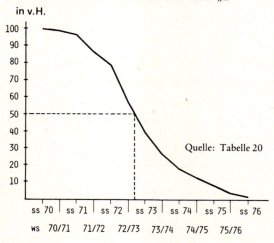

In ähnlicher Form wird für Zwecke der Versicherungswirtschaft die mittlere Lebensdauer von Immobilien und sonstigen Vermögensbeständen ermittelt; sie läßt sich, wie unter Kapitel 312.1. gezeigt wurde, gegebenenfalls auch rechnerisch bestimmen. Vor allem aber wird im folgenden zu zeigen sein, in welcher Weise aus einer empirischen Abgangsordnung ein Wahrscheinlichkeitsurteil über die mittlere Verweilzeit eines Ausgangsbestandes gewonnen werden kann.

432. Beschreibung und Analyse von Zustandsveränderungen

Ein Urteil über chronologische Mittelwerte wird dadurch beeinträchtigt, daß es weder für die Begrenzung der Beobachtungsperiode noch für die Festlegung der Meßzeitpunkte formale Regeln oder Prüfkriterien gibt. Ein Teil der hierdurch erwachsenden Unsicherheiten im Zustandsvergleich läßt sich abbauen, indem die Vorgänge selbst mittels Typisierung und Standardisierung objektiviert werden.
Um Zustandsveränderungen einer Streckenmasse statistisch erfassen und beurteilen zu können, ist die Zeitkomponente nicht nur als Beobachtungs- und Ereigniszeit in Betracht zu ziehen. Vielmehr muß zusätzlich bei jedem Element individuell der Zeitpunkt für das Eintreffen eines verändernden Ereignisses festgehalten werden.

So z. B. das Lebensalter beim Übergang vom „ledigen" zum „verheirateten" Familienstand; das Nutzungsalter eines Kraftfahrzeugs beim ersten, zweiten ... Gebrauchtwagenverkauf usw.

Dabei ist die zusätzlich eingeführte Altersachse zu berücksichtigen, weil sich dadurch Schwierigkeiten ergeben, daß mehrere Elemente, die zu diskreten Zeitpunkten hinzu- oder ausgetreten sind, während der Beobachtungsperiode $t''-t'$ gleichzeitig nebeneinander ermittelt werden, sich aber bezüglich ihrer individuellen Verweilzeit unterscheiden. Dieses Auseinanderfallen von Gleichzeitigkeit und Gleichaltrigkeit wird für Kauf und Verkauf von Gebäuden, Maschinen, Schiffen oder Waggons ebenso virulent wie bei der Registrierung von Sterbefällen im menschlichen Leben. Da die ersten, bis heute gültigen Lösungen dieses Problems für die Sterblichkeitsmessung entwickelt worden sind, sollen die statistischen Verfahrensfragen wiederum anhand der demographischen Schätzmethoden dargelegt werden.

432.1. Typisierung von Teilgesamtheiten eines Periodenbestandes

Daß es möglich ist, geometrisch eine dritte Zeitkomponente in dem Gitternetz eines kalendarisch aufgeteilten Koordinatensystems darzustellen, wurde nach G. F. Knapp (1868) und G. Zeuner (1869) von K. Becker und W. Lexis (1875) unterschiedlich bewiesen. Für eine Berechnung von Sterbetafelwerten ist der von Becker entwickelte Denkansatz logisch überlegen und mittels des „Becker-Diagramms" gut zu verdeutlichen. Deshalb werden die Typisierungsvorschriften und Standardisierungsschritte aus diesem Modell abgeleitet [3]).

Zur inhaltlichen und formalen Abgrenzung von Gleichzeitigen und Gleichaltrigen

Im quadratischen Rahmen des Becker-Diagramms sind über die Winkelhalbierende das Ereignisalter und die Beobachtungszeit zeitlich verknüpft. Aus einem analog zu Diagramm 20 aufgestellten Zeitrahmen für die Beobachtung der Sterbehäufigkeit aller Angehörigen der Bevölkerung ließe sich folgender Ausschnitt herausheben. Vgl. dazu Diagramm 25.

Für die weitere Argumentation sind zwei Annahmen einzuführen:

Erstens sollen sich die Zugänge von Elementen (und damit ihrer Verweillinien) gleichmäßig auf die Geburtsjahre (oder andere auf der Ordinate abgetragenen Teilzeitabschnitte) verteilen.

Zweitens sollen sich die im Zeitrahmen zu verzeichnenden Ereignisse gleichmäßig auf die Beobachtungsperiode verteilen.

Im Diagramm sollten sich also etwa bei einer Sterbetafel die Sterbefälle, bei einer Heiratstafel die Eheschließungen, bei Lieferungen und Leistungen zwischen einzelnen Wirtschaftszweigen die Kaufverträge gleichmäßig auf die Beobachtungsperiode verteilen.

Die Interpretation der Schemazeichnung geht von einem Ausschnitt aus dem Becker-Diagramm aus, der geometrisch darstellen soll, wie sich das Ereignis „Todesfall" im Volkszählungsjahr und in den benachbarten Kalenderjahren auf jene Personengesamtheit auswirkt, die aus den Geburtsjahrgängen 1901 (x) und 1902 ($x + 1$) bis in den Beobachtungszeitraum hinein überlebt hat. Offensichtlich ergibt sich

---

[3]) International wird seit N. Keyfitz (1968) überwiegend anhand des Lexis-Diagramms argumentiert. Es weist gewisse operationale Vorzüge zur Erklärung einer Vertafelung der Sterbewahrscheinlichkeiten nach der Sterbejahrmethode (Rahts) oder nach der Sterbeziffermethode (Farr) auf, unterscheidet sich jedoch nicht prinzipiell vom logisch besser fundierten Becker-Ansatz, der in der Geburtsjahrmethode realisiert wird (vgl. weiter unter Kapitel 432.2. mit Formel 4.31.).

Diagr. 25: Ausschnitt aus dem Becker-Diagramm (Verknüpfung von Ereignis- und Kalenderzeit mit dem Alter der Elemente)

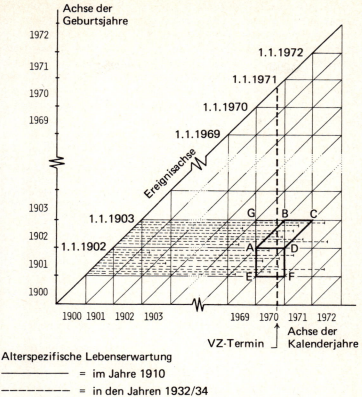

Alterspezifische Lebenserwartung

——————— = im Jahre 1910

– – – – – – – = in den Jahren 1932/34

············· = in den Jahren 1970/72

aus der Äquidistanz in der Bezeichnung der Zeitabschnitte beider Achsen ein Quadrat, in dem sich dieses Ereignis vollzieht.

Die im Diagramm verzeichneten Verstorbenen des Volkszählungsjahres 1970 werden im Quadrat *AEFD* so dargestellt, wie sie, aus dem Geburtsjahr 1901 stammend, bei Beginn des Jahres 1970 noch am Leben waren. Indem ihre Verweillinien die Strecke *AE* schneiden, sind sie als „gleichzeitig Lebende" dieses Altersjahrganges zu Beginn dieses Jahres erfaßt. Damit sind diese Elemente aber nicht „gleichaltrig".

Das Lebensalter errechnet sich von der Zugangsachse her, d. h. ausgehend von der Winkelhalbierenden zwischen Geburts- und Kalenderzeit. Als „gleichaltrig Lebende" gilt die Gesamtheit aller derjenigen Personen, deren Geburtszeit auf dem jeweiligen Abschnitt der Ereignisachse lag. Demnach sind mit Parallelen zur Ereignisachse die im Diagramm erfaßten Personengesamtheiten nach „Gleichaltrigen" darstellbar. Nur eine der vier Personen hat bis zur Volkszählung 1970 überlebt; sie kann als „gleichaltrig Überlebende" ihres Altersjahrgangs erfaßt werden.

Somit kann folgendes Begriffspaar für Lebenden-Gesamtheiten unterschieden werden:

Übersicht 22: Typisierung von Lebenden-Gesamtheiten*)

Definition	Gleichzeitig Lebende (viventes)	Gleichaltrig Lebende (viventes)
verbal	Gesamtheit aller Personen eines gleichen Geburtsjahrgangs g (z. B. $g = 1902$), die bei Beginn eines Beobachtungszeitraumes (z. B. Kalenderjahr 1970) noch zur Bestandsmasse gehören, und zwar teils im Alter x, teils im Alter $x + 1$	Gesamtheit aller Personen aus dem Geburtsjahrgang g, die das Alter x erreicht haben
graphisch (in Anlehnung an Diagramm 25)	Schnittstellen aller Verweillinien der im Jahr 1902 Geborenen mit der Strecke AK, zu Beginn des Volkszählungsjahres 1970	Schnittstellen aller Verweillinien der im Jahr 1902 Geborenen mit der Strecke AB zuzügl. Überlebende im Jahr 1971 bis zur Linie DC
formal	$\overline{V(g, x/x+1)}$	$\overline{V(g,x)}$

*) Entsprechende Typisierungsschritte werden im Zusammenhang mit der Sterblichkeitsmessung für die zeitliche Einordnung von Sterbefällen erforderlich (vgl. dazu 432.2., Formeln 4.30 bis 4.32).

In der jüngeren Bevölkerungswissenschaft werden Teilgesamtheiten eines Periodenbestandes, die analog zu den typisierend unterschiedenen Formen der Lebendengesamtheiten gebildet sind, häufig mit der Bezeichnung „Kohorte" umschrieben. In Anlehnung an die Fragestellung, aus der heraus das Typisierungsmodell der „Gleichaltrigen" entwickelt wurde, geht es bei der Abgrenzung von Kohorten darum, die Verteilung von Ereignissen auf Altersstadien einer Teilgesamtheit zu ermitteln. Diese Modellvorstellung von Kohorten gleichen Alters wurde entwickelt, um Einsichten in die Ereignishäufigkeit von Geburten zu gewinnen. Sie hat sich aber auch in anderem Zusammenhang bewährt, so zur Beurteilung des Ausbildungsablaufs von Schulabgängern, der altersbedingten Unfallträchtigkeit oder Krankheitsdisposition einzelner Berufsgruppen, der baujahrbedingten Reparaturanfälligkeit von Hochbauten, Kraftfahrzeugen u. a. m.

432.2. Vertafelung von Ereignishäufigkeiten zur Gewinnung standardisierter Zeitmittelwerte

Um Indikatoren für die Vorgänge zu gewinnen, die eine Zustandsveränderung herbeiführen, läßt sich die beobachtete Ereignishäufigkeit im Wege einer generalisierenden „Vertafelung" von theoretischen Ereigniswahrscheinlichkeiten standardisieren; damit wird die verschiedenartige zeitliche Verteilung der Ereignisse zu chronologischen Mittelwerten umgeformt, also vergleichbar und meßbar.

(1) Standardisierung der Ereignishäufigkeiten
Die Ereigniswahrscheinlichkeiten ergeben sich aus einer Bezugnahme von empirisch beobachteten Ereignisgesamtheiten auf die jahrgangs- bzw. altersspezifisch abgegrenzten Gesamtheiten von „Gleichzeitigen" oder „Gleichaltrigen" unter den Elementen. Indem auf die Typisierung der Lebendengesamtheiten (vgl. Übersicht 22) zurückgegriffen wird, lassen sich die von G. F. Knapp (1874) eingeführten Begriffe zum Verständnis des durch Sterbefälle verursachten „Bevölkerungswechsels" ohne Schwierigkeit interpretieren.

Im Rahmen des im Diagramm 25 dargestellten Ausschnitts aus dem Becker-Diagramm könnten die Ereignisgesamtheiten „Sterbefall" in folgender Weise zur Berechnung der altersspezifischen Sterbewahrscheinlichkeit zusammengefaßt werden:

Erste Gestorbenen-Gesamtheit
Sterbefälle eines Geburtsjahrgangs und gleichen Alters
in zwei aufeinanderfolgenden Kalenderjahren

Zweite Gestorbenen-Gesamtheit
Sterbefälle eines Geburtsjahrgangs in einem Kalenderjahr, verteilt auf zwei Altersjahrgänge

Dritte Gestorbenen-Gesamtheit
Sterbefälle Gleichaltriger aus zwei benachbarten Geburtsjahrgängen in einem Kalenderjahr

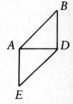

Aus diesen verschiedenen Definitionen wird klar, daß sich die Gestorbenengesamtheiten jeweils aus zwei Dreiecksgesamtheiten der Beobachtungsjahre berechnen lassen, nämlich

(a) Untere Dreiecksgesamtheit = Sterbefälle von Gleichaltrigen eines Kalenderjahres, die vor Vollendung des betreffenden Kalenderjahres sterben (z. B. *ABD* oder *EFD*).

(b) Obere Dreiecksgesamtheit = Sterbefälle Gleichaltriger, die im Laufe des Kalenderjahres vor Vollendung des jeweiligen Altersjahres sterben (z. B. *EAD* oder *DBC*).

Diese Ereignisgesamtheiten werden – je nach dem Modell, das der Standardisierung der Sterbewahrscheinlichkeiten für die Aufstellung von Sterbetafeln zugrundeliegt – in unterschiedlicher Weise in die Berechnung der Sterbewahrscheinlichkeit eingeführt.

(2) Konstruktionsidee der Sterbetafel (Gliederung der Kopfspalte)
Die Vertafelung von Ereignishäufigkeiten erfolgt im Wege einer Standardisierung, um aus empirisch erfaßten relativen Häufigkeiten eine hypothetische Abgangsordnung zu konstruieren. Unabhängig davon, nach welchem Modell der Quotient aus Gestorbenen- und Lebendengesamtheiten ermittelt wird, sind für die Aufstellung einer Sterbetafel mehrere Standardisierungsschritte nötig, um die gesuchte Information zu gewinnen.
Zunächst erfolgt eine Typisierung, indem der Altersaufbau nach dem Modell der stationären Bevölkerung betrachtet wird. Es gibt also weder in der Gebürtigkeit noch durch Wanderung Schwankungen. Die jeweilige Besetzung eines Altersjahrgangs ergibt sich als Auswir-

kung der Sterblichkeit der Gleichaltrigen. Die Gesamtheit Gleichaltriger wird rechnerisch dem altersspezifischen Sterblichkeitsrisiko unterworfen, also jahrgangsspezifisch reduziert. Dabei kann dieses Risiko nach dem Geburts- oder nach dem Sterbejahr ermittelt werden, wie noch zu zeigen ist.

Die zweite Standardisierungsregel richtet sich darauf, die im Querschnitt ermittelte Ereignishäufigkeit als wahrscheinliche alterstypische Abgangsordnung im Laufe von 100 Jahren zu betrachten, sie also in eine Längsschnittbetrachtung zu transformieren.

Als dritter Standardisierungsschritt erfolgt die Ableitung der Sterbewahrscheinlichkeit. Dazu werden die Verstorbenengesamtheiten eines Volkszählungsjahres, gegebenenfalls ergänzt durch diejenigen eines vor- oder nachfolgenden Kalenderjahres, auf sinngemäß zugeordnete Lebendengesamtheiten bezogen.

Die vierte, sehr wichtige Standardisierung erfolgt, indem der Ausgangsbestand von Nulljährigen gleich 100 000 gesetzt wird, um die Tafelwerte unterschiedlicher Volkskörper (mit ihren verschieden besetzten Geburtsjahrgängen) untereinander vergleichen zu können (z. B. für einen Vergleich BRD / DDR und / oder einen Vergleich 1880/82 mit 1970/72 für die BRD).

Die fünfte Standardisierung zielt auf einen mathematischen Ausgleich von „rohen" Sterbewahrscheinlichkeiten für schwach besetzte bzw. besonders todesbedrohte Altersjahrgänge. Die für eine „Glättung" der Wahrscheinlichkeiten entlang der Lebensjahre gewählten mathematischen Funktionen variieren je nach dem empirischen Befund und der jeweils „herrschenden" Lehre. Sie sind hier insofern ohne Belang, als sich keine übereinstimmende Meinung über das bestmögliche Verfahren herausgebildet hat.

Der Informationsgehalt der Tafeln läßt sich nur vollständig ausschöpfen, wenn Verständnis für die Konstruktionsregeln besteht, nach denen die zahlenmäßige Auffüllung des Tabellengerüstes erfolgt. Deshalb soll der Rechengang erläutert werden, bevor der Informationswert der Tafeln diskutiert wird. (Vgl. dazu S. 182/183.)

(3) Abgrenzung eines Zeitrahmens für die Ermittlung des Sterblichkeitsmaßes q_x

Mit Hilfe der Vertafelung soll die Querschnittsbetrachtung der Ereignishäufigkeit so umgedeutet werden, daß die Auswirkung der Dekremente auf den Ausgangsbestand berechenbar wird. Als Ausgangsdaten liegen die mit Geburts- und Sterbedatum registrierten Sterbefälle vor. Dieses Datenmaterial würde zur Berechnung der Sterbewahrscheinlichkeit ausreichen, wenn der Volkszählungsstichtag auf den 31. Dezember des Bezugsjahres fiele. Dann wäre die im Diagramm 25 dargestellte Zählermasse nach Altersjahrgängen über

Tab. 21: Ausschnitt aus einer Sterbetafel 1970/72 für den Staat B, männliches Geschlecht

Vollendetes Alter (in Jahren)	Überlebende im Alter $[x]$	Gestorbene im Alter $[x]$ bis unter $[x+1]$	Sterbewahrscheinlichkeit vom Alter $[x]$ bis $[x+1]$	Überlebenswahrscheinlichkeit	Von den Überlebenden im Alter $[x]$ bis zum Alter $[x+1]$ durchlebte Jahre	insges. noch zu durchlebende Jahre	Durchschnittliche fernere Lebenserwartung im Alter $[x]$ in Jahren
x	l_x	d_x	q_x	p_x	L_x	T_x	e_x
1	2	3	4	5	6	7	8
0	100000	2891	0,02891	0,97109	97426	6611356	66,11
1	97109	153	0,00158	0,99842	97033	6513930	67,08
2	96956	114	0,00117	0,99883	96899	6416897	66,18
⋮	⋮	⋮	⋮	⋮	⋮	⋮	⋮
25	95076	148	0,00155	0,99845	95002	4204244	44,22
26	94928	153	0,00162	0,99838	94852	4109242	43,29
27	94775	164	0,00173	0,99827	94693	4014390	42,36
⋮	⋮	⋮	⋮	⋮	⋮	⋮	⋮
65	64598	2522	0,03901	0,96093	63337	743734	11,51
66	62076	2688	0,04330	0,95670	60732	680397	10,96
67	59388	2830	0,04765	0,95235	57937	619665	10,43
68	56558	2945	0,05207	0,94793	55086	561692	9,93
69	53613	3036	0,05663	0,94337	52095	506606	9,45
70	50577	3108	0,06144	0,93856	49023	454511	8,99
71	47469	3161	0,06659	0,93341	45889	405488	8,54
⋮	⋮	⋮	⋮	⋮	⋮	⋮	⋮
98	96	44	0,46058	0,53942	74	148	1,54
99	52	26	0,49384	0,50616	39	74	1,42
100	26	14	0,52878	0,47122	19	35	1,35

Übersicht 23: Zur Erläuterung der Symbole einer Sterbetafel

Spaltenbezeichnung Nr.	Symbol	Kurzinterpration des Tatbestandes im Tabellenkopf	Formale und reale Berechnung, nachzuvollziehen mit Hilfe der Zahlen aus Tabelle 21
1	x	Angabe des vollendeten Lebensalters	
2	l_x	Anzahl der Lebenden im Alter x bei einer Ausgangsgesamtheit von 100 000 Personen, geschlechtsspezifisch getrennt berechnet	$l_{x+1} = l_x - d_x$ $l_{25} - d_{25} = l_{26} = 95076 - 148$ $l_{26} = 94928$
3	d_x	Rechnerisch aus altersspezifischer Sterberate und Überlebendenzahl ermittelte Größe für Verstorbene eines Altersjahres (entspricht zugleich der Differenz zwischen zwei Überlebendenzahlen!)	$d_x = l_x \cdot q_x$ $d_{66} = l_{65} \cdot q_{65} = (64598) \cdot 0{,}03907$ $= 2522$ $d_x = l_x - l_{x1}$ $d_{66} = l_{65} - l_{66} = 64598 - 62075$ $= 2522$
4	q_x	Eine extern in die Tafel eingeführte Größe als modellgerecht und „ausgeglichen" bestimmte Wahrscheinlichkeit für Personen des Alters $\lvert x \rvert$, vor Erreichen des Alters $\lvert x + 1 \rvert$ zu sterben. ($d_1 = q_1 \cdot l_1$, weil q_1 als kumulierte Sterbewahrscheinlichkeit des frühesten Lebensmonats entsteht)	$q_x \triangleq \dfrac{d_x}{l_x}$ Zur empirirschen Ermittlung von q_x vgl. die folgenden Seiten
5	p_x	Komplementärgröße zu q_x für das Überleben	$p_x = l - q_x$ $p_{26} = 1 - q_{26} = (1 - 0{,}00162)$ $= 0{,}99838$ $p_x = \dfrac{l_{x+1}}{l_x}$ $p_{26} = \dfrac{l_{27}}{l_{26}} = \dfrac{94775}{94928} = 0{,}99838$
6	L_x	Theoretische Größe für den Zeitmengenbestand Gleichaltriger. Anders formuliert: die Anzahl der „Personenjahre", die von Personen im Altersjahr $\lvert x, x+1 \rvert$ durchlebt werden. Hierbei gelten die Annahmen über die mittlere Verweildauer von Elementen bei offenen Streckenmassen	$L_x = 1(l_{x+1}) + \tfrac{1}{2}(d_x)$ wegen $d_x = l_x - l_{x+1}$ gilt: $L_x = l_{x+1} + \tfrac{1}{2}(l_x - l_{x+1})$ $= \tfrac{1}{2}(l_x + l_{x+1})$ $L_{25} = \tfrac{1}{2}(95076 + 94928)$ $= \tfrac{1}{2}(190004)$ $L_{25} = 95002$
7	T_x	Theoretische Größe, die inhaltlich den Personenjahren entspricht, welche von den Überlebenden des Alters x insgesamt bis zu ihrem Tod noch durchlebt werden	$T_x = T_{x+1} + L_x$ $T_{98} = T_{99} + L_{98} = 74 + 74 = 148$ $T_1 = T_2 + L_1 = 6416897 + 97033$ $= 6513930$
8	e_x	Fernere mittlere Lebenserwartung der einzelnen Altersklassen. Quotient aus der Summe der von den Überlebenden eines Altersjahres noch zu verlebenden Jahre, bezogen auf die für jedes Altersjahr berechneten Überlebendenzahlen	$e_x = \dfrac{T_x}{l_x}$ $e_0 = \dfrac{6611356}{100000} = 66{,}11$ $e_{26} = \dfrac{4109242}{94928} = 43{,}29$

Geburts- und Sterbetag so zu erfassen, daß für die 69jährigen die Summe aller Sterbefälle im Parallelogramm $ABDE$ ermittelt würde:

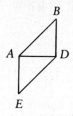

Allerdings wären damit lediglich die gleichzeitig Verstorbenen ermittelt. Um gleichaltrige Sterbefälle zu erfassen (also eben der 69jährigen), müßten die Sterbefälle in dem Kalenderjahr mit berücksichtigt werden, das auf den VZ-Termin folgt. Also wären Gegenstand der statistischen Berechnung alle Sterbefälle im Parallelogramm $ABCD$.

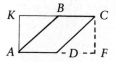

Auf der Strecke AB werden alle Verweillinien der Gleichaltrigen geschnitten, die das 69. Lebensjahr lebend angetreten haben und unter das Todesrisiko der 69jährigen gestellt sind. Demnach errechnet sich die Sterbewahrscheinlichkeit der 69jährigen nach folgenden Ansatz:

4.30. $\quad q_x = \dfrac{M(ABD) + M(BCD)}{V(AB)} = \dfrac{M(ABCD)}{V(AB)}$

Da für diesen Ansatz die Gesamtheit der Sterbefälle, nach Geburts- und Sterbedatum, für zwei Beobachtungsjahre erfaßt und nach jeweils zwei Gruppen von Geburtsjahrgängen und Sterbealter aufgeteilt werden muß, erscheint der Informationsverlust bedenklich, der dadurch entsteht, daß die Ereignisse der „oberen" Dreiecksgesamtheit des VZ-Jahres (ABK) und der unteren Dreiecksgesamtheit des Folgejahres (DFC) bei der Berechnung der relativen Häufigkeit außer Ansatz bleiben. Um diese Verkürzung der Referenzperiode mit einer möglicherweise extrem überhöhten oder niedrigen Sterblichkeit für einzelne Altersgruppen zu vermeiden, wird der Wahrscheinlichkeitsrechnung häufig eine dreijährige Beobachtungsperiode zugrundegelegt. Damit läßt sich nicht nur eine sachgerechte Zuordnung der Sterbefälle zum Geburts- und Altersjahrgang durchführen (Fortschreibung der Bestände abzüglich der Todesfälle ab VZ-Stichtag bis zum Jahresende und Rückrechnung vom Stichtag an bis zum Anfang des VZ-Jahres); sondern mit dieser Abgrenzung wird auch die Berechnung der Ereignishäufigkeit für jedes volle Ereignisjahr möglich.

Je nach der Definition der Gestorbenen- und Lebendengesamtheiten ergeben sich andere Ausgangszahlen und Koeffizienten für die „rohe" Sterbewahrscheinlichkeit. Wie erwähnt, muß diese für schwach besetzte Jahrgänge anschließend mathematisch „ausgeglichen" werden.

Geburtsjahrmethode nach Becker-Zeuner (1874)
Die Zahl der x-jährig Verstorbenen eines bestimmten Geburtsjahrgangs wird bezogen auf die Zahl derjenigen Personen dieses Geburtsjahrganges, die das Alter x erreicht haben.
Geometrisch interpretiert (vgl. Diagramm 25) wäre also ein Quotient zu bilden aus

$$\frac{\text{Anzahl der Endpunkte im Parallelogramm } ABCD}{\text{Anzahl der Schnittpunkte zwischen } AB \text{ und den Verweillinien}}$$

Unter Verwendung der üblichen Symbole wäre also zu formulieren:

4.31. $\quad q_x = \dfrac{M(g, x)}{V(g, x)} = \dfrac{M(g, x, b) + M(g, x, b+1)}{V(g, x)}$

mit M = Sterbefälle
V = Viventes — Überlebende
x = vollendetes Alter in Jahren
g = Geburtsjahrgang
b = Beobachtungsjahr

Sterbejahrmethode nach J. Rahts (1909)
Für Rahts sind die in der „Sterbejahrmethode" zu betrachtenden Kohorten durch den Eintritt des Sterbefalls im gleichen Alter bestimmt. Deshalb wird von einer Beziehungszahl aus argumentiert, in der die Gesamtheit aller Sterbefälle eines Kalenderjahres zur Gesamtheit der Lebenden in Bezug gesetzt wird. (Da diese Gesamtheit eine „offene Streckenmasse" darstellt, kommt hier der Ansatz aus Formel 4.27. ins Spiel!)

In Diagramm 25 lassen sich geometrisch die Gestorbenen- und Lebendengesamtheiten wie folgt kombinieren:
Das Parallelogramm ABDE umfaßt alle Endpunkte der Verweillinien (Sterbefälle) des VZ-Jahres, nämlich

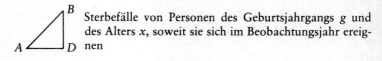

Sterbefälle von Personen des Geburtsjahrgangs g und des Alters x, soweit sie sich im Beobachtungsjahr ereignen

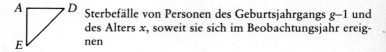

Sterbefälle von Personen des Geburtsjahrgangs g–1 und des Alters x, soweit sie sich im Beobachtungsjahr ereignen

Die Gesamtheit dieser Sterbefälle ist zu beziehen auf die Lebendengesamtheit von Gleichaltrigen. Diese ist mittels der Verweillinien darzustellen, die die Strecke AB schneiden, abzüglich der Hälfte der Schnittpunkte der Verweillinien mit BD und zuzüglich der Hälfte der Schnittpunkte mit AE.

Wegen der Problematik der Bestimmung dieser Lebendengesamtheiten nach dem Prinzip der „offenen Streckenmasse" gilt das Modell allenfalls dann für geeignet, wenn kurzfristig gültige Tafeln aufgestellt werden sollen.

Die arithmetische Formulierung dieses Ansatzes lautet schließlich

4.32. $\quad q_x = \dfrac{M(x, x+1), (b)}{V(x, b) - \frac{1}{2} V(x/x+1)\,\tau_2 + \frac{1}{2} V(x/x-1)\,\tau_1)}$

mit t_1 = Anfang des Jahres b
t_2 = Anfang des Jahres $(b+1)$

Kalenderjahrmethode nach R. Böckh (1875)

Die Kalenderjahrmethode hat den Vorteil, daß die Anforderungen an das Basismaterial niedriger liegen und daß deshalb die Tafelkonstruktion auch bei einem stark durch Wanderungen beeinflußten Altersaufbau möglich wird. Der von Böckh vorgeschlagene „Kunstgriff" besteht darin, nicht von den Sterbewahrscheinlichkeiten auszugehen, sondern von den Überlebenswahrscheinlichkeiten $(1-q_x = p_x)$. Für diesen Ansatz reichen die Zahlen über die im VZ-Jahr erfaßten Sterbefälle aus, um die Überlebenswahrscheinlichkeiten für zwei aufeinanderfolgende Geburtsjahrgänge (nach dem Ansatz der Wahrscheinlichkeitstheorie) zu kombinieren; wird dieses Produkt von 1 abgezogen, so ergibt sich definitionsgemäß q_x.

Formal schreibt sich der Ansatz von Böckh (der sich besonders für die Relativierung der Säuglingssterblichkeit bewährt hat) wie folgt:

4.33. $q_x = 1 - \dfrac{V[x/(x+1)] \tau_2}{V_{x,b}} \cdot \dfrac{V(x+1)b}{Vx[(x+1)] \tau_1}$

Koeffizientenverfahren nach W. Farr (1864)
Angesichts des zerklüfteten Altersaufbaus der westdeutschen Bevölkerung und der offensichtlich durch episodische Einflüsse irritierten altersspezifischen Sterblichkeit fand eine Methode erneute Aufmerksamkeit, die von Farr vorgeschlagen worden war. Farr ging von der Berechnung eines Sterbekoeffizienten k_x aus und leitete die Sterbewahrscheinlichkeit q_x als Näherungsgröße mit Hilfe von k_x ab.
Der Sterbekoeffizient k_x wird als Summen-Quotient für drei Beobachtungsjahre berechnet, also z. B. für 1970, 1971 und 1972.

4.34.
$$k_x = \dfrac{M(x[x+1], 1970) + M(x[x+1], 1971) + M(x[x+1], 1972)}{V(x[x+1], 1970) + V(x[x+1], 1971) + V(x[x+1], 1972)}$$
$$= \dfrac{M(x[x+1], 70, 71, 72)}{V(x[x+1], 70, 71, 72)}$$

Daraus wird in folgender Weise eine Näherungsformel für q_x abgeleitet:

4.35. $q_x = \dfrac{2(k_x)}{2 + k_x} = \dfrac{k_x}{1 + \dfrac{k_x}{2}}$

Dieses Verfahren wurde im Statistischen Bundesamt zur Berechnung der letzten Sterbetafel bevorzugt mit der Begründung, die extremen Störmomente in der altersspezifischen Sterblichkeit wären in der Referenzperiode 1970/72 mit anderen Methoden nicht sachgerecht zu berücksichtigen gewesen.

(4) Aus der Sterbetafel abzuleitende Indikatoren
Noch Lexis wollte aus einer graphischen Darstellung der altersspezifischen Sterbehäufigkeit irgendeiner historischen Bevölkerung deren „Normalalter" ableiten. Ein solches Diagramm läßt tatsächlich erahnen, daß sich die Todesbedrohung einer bestimmten historischen Bevölkerung auf vier Altersphasen verteilt: Nach der Häufung von Sterbefällen in den ersten beiden Lebensjahren tritt eine verstärkte Sterblichkeit für die Jugendlichen auf (derzeit zwischen 15 und 25 Jahren); vom 40. Lebensjahr an steigt die Todesbedrohung bis zur Häufungsstelle des (von Lexis so bezeichneten) „Normalalters", die den Beginn der vierten Phase charakterisiert.

Aus den Spalten einer Sterbetafel ergeben sich jedoch exaktere Indikatoren zur Charakterisierung des mittleren Lebensalters:
So läßt sich die nach Sterbetafeln aus dem 18. Jahrhundert so benannte „wahrscheinliche Lebensdauer" als Zentralwert für die (stationäre) Tafelbevölkerung bestimmen. Falls Spalte 2 der Tafel graphisch als Kurve für die hypothetische Abgangsordnung dargestellt würde, wäre der Median als Schnittpunkt der d_x-Linie mit der Parallele zur Altersachse zu finden, und zwar beim Bestand von 50000. (Im folgenden Diagramm wäre für die Sterbetafelbevölkerung „BW" aus Tabelle 21 zwischen 1910/11 und 1970/72 eine „wahrscheinliche" Lebensverlängerung um etwa 16 Jahre zu erkennen.)

Diagr. 26: Die altersspezifische Lebenserwartung nach der „Überlebensordnung" der Bevölkerung nach den Sterbetafeln 1910, 1932/34, 1970/72

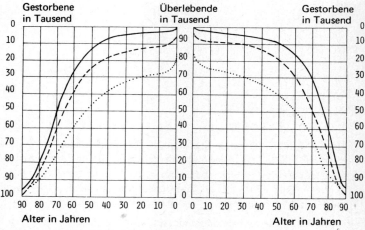

Quelle: Berliner Statistik, 3/75, S. 56

Diese diagrammatische oder eine entsprechende rechnerische Bestimmung der „Lebenserwartung" ist im Zusammenhang mit wirtschaftlichen Gesamtheiten häufig völlig ausreichend, wenn Informationen über die Dauer des Abbaus oder Werteverzehrs von Vermögensbeständen gesucht werden.

Zur Analyse von demographischen Vorgängen sind jedoch Indikatoren erforderlich, die eine höhere Sicherheit bieten. Aus den vertafelten Größen kann unmittelbar die standardisierte mittlere fernere

Lebenserwartung für jedes Lebensalter abgeleitet werden: $e_x = \dfrac{T_x}{l_x}$.

Die Kurve der altersspezifischen mittleren Lebenserwartung zeigt spiegelbildlich die altersspezifischen Sterbewahrscheinlichkeiten.

Diagr. 27: Rohe und ausgeglichene Sterbewahrscheinlichkeiten

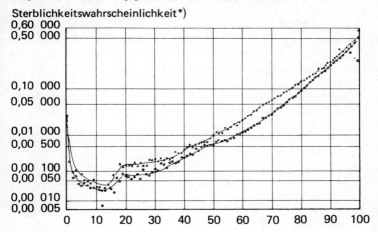

Alter in Jahren
*) modifizierter logarithmischer Maßstab ($\sqrt{-\log q_x}$)
rohe Sterbewahrscheinlichkeiten   x männlich   o weiblich
ausgeglichene Sterbewahrscheinlichkeiten   x–x männlich   o–o weiblich

Quelle: Tab. 21

Schließlich läßt sich noch die Tafelsterbeziffer berechnen, d. i. der reziproke Wert der mittleren Lebenserwartung Neugeborener: $TZ = \dfrac{1}{e_x}$.
Dieser zusammenfassende Ausdruck für die Überlebenswahrscheinlichkeit der gesamten Bevölkerung gilt als wesentlicher demographischer Indikator für den zwischenstaatlichen Vergleich der sozialhygienischen und -medizinischen Absicherung einzelner Staatsvölker gegen die Todesbedrohung durch Seuchen usw.

(5) Übertragung der Tafelmethoden auf andere Ereignisgesamtheiten
Die Modellvorstellungen, die der Sterbetafel zugrundeliegen, lassen sich unter bestimmten Voraussetzungen so transformieren, daß eine

Analyse anderer demographischer und auch sozioökonomischer Prozesse möglich wird. So ist es etwa denkbar, mit Hilfe einer Heiratstafel die Einwirkungen der Berufswahl auf die Heiratshäufigkeit von gleichaltrigen Mädchen zu studieren. Erwerbstätigkeitstafeln sind konstruiert worden, um Ereignisse wie schulische Berufsvorbereitung, Berufseinstieg und Ausscheiden aus dem Erwerbsleben zufolge Berufs- und Erwerbsunfähigkeit darzustellen, jeweils auch kombiniert mit der Sterbewahrscheinlichkeit. Schließlich läßt sich die Auswirkung des Verdienstniveaus auf Ausgaben und Einnahmen der Rentenversicherungsträger für verschiedene Modellbevölkerungen über Tafelmethoden erkennbar machen, wie H. Grohmann (1965) gezeigt hat.

Zu prüfen ist bei allen derartigen Konstruktionen, ob folgende Voraussetzungen für die Übertragung der Tafelmethoden auf die jeweils zu interpretierenden Vorgänge gesichert sind:

1. Es muß denkmöglich sein, daß ein stationärer Prozeß vorliegt, daß also die Abgangsordnung ausschließlich und störungsfrei durch das Ereignis „Dekrement" bestimmt wird.
2. Die zu messenden Ereignisse müssen nach Ereigniszeit und Verweilzeit feststellbar sein.
3. Die gemessenen Ereignisse müssen an den Bestandsmassen eine Zustandsveränderung bewirken.
4. Mit Rücksicht auf den erforderlichen Arbeitsaufwand muß die Wiederholbarkeit gleichartiger Ereignisse innerhalb vergleichbarer Zeitspannen gegeben sein, also eine Stabilität der Beziehungen. Deshalb dominiert die Tafelmethode in Anwendungsbereichen, in denen biologische Regelmäßigkeiten das Auftreten der Ereignisse und ihre Wirkungen beherrschen, wie in der Sozialmedizin, bei Renten- und Lebensversicherungen usw.

Sehr große Bedeutung gewinnen vertafelte Ereigniswahrscheinlichkeiten bei Vorausrechnungen demographisch bedingter Bestandsentwicklungen, so etwa die Vorausschätzung der Besetzung von Schuljahrgängen, der Schulabgänger aus berufs- oder allgemeinbildenden Schulen, des Andranges von Jugendlichen auf den Arbeitsmarkt oder nach Studienplätzen u. a. m.

Die Bevölkerungsvorausschätzung nach der sog. „biologischen Methode" verwendet die Erwartungswerte aus den nach einer Volkszählung berechneten Sterbe-, Heirats- und Fruchtbarkeitstafeln, um daraus Zu- und Abgänge auf einen Zeitraum von 10 bis 20 Jahren vorauszurechnen. Hierfür wird nicht nur das Dekrement über den Projektionszeitraum hinweg vorausgerechnet, sondern auch – gemäß der Heiratswahrscheinlichkeit der weiblichen Bevölkerung und der altersspezifischen Gebürtigkeit von ledigen und verheirateten Frauen – die Ergänzung des Volkskörpers. Gerade in der zweiten Hälfte des zwanzigsten Jahrhunderts, in der solche komplizierten Berechnungen technisch durchführbar wurden, haben allerdings einige Vorausrechnungen enttäuscht. Das erklärt sich teilweise daraus, daß der durch Kriegsverluste zerstörte Altersaufbau für ganze Blöcke lediger und heiratsfähiger Personen die Partnerwahl erschwert oder sogar verschlossen hat und daß mit dem „Pillenknick" die Stabilität des Proliferationsverhaltens geändert wurde. Auch ist die Nettoreproduktionsrate (d.h. die Geburtenwahrscheinlichkeit unter Berücksichtigung der Sterblichkeitserwartung der letzten Sterbetafel) in vielen Ländern wegen der hohen Auswanderung nicht hinreichend stabil. Überdies gilt hier – trotz der biologischen „Gesetzmäßigkeiten" – das Prinzip der historischen Wechsellagen; es hat für die ökonomische Analyse einen ebenso hohen Stellenwert wie das „Gesetz der großen Zahlen".

Andererseits hat R. Stone (1975/a) mit großem Nachdruck darauf hingewiesen, daß die überaus informativen Ergebnisse einer Input-Output-Tabelle logisch auf dem gleichen Fundament beruhen, wie die demographischen Tafeln und daß beide Instrumente jedenfalls für die Analyse kombiniert werden müssen.

Tatsächlich werden hier wie dort Übergangskoeffizienten ermittelt, die als Indikatoren für strukturelle und prozessuale Veränderungen eingesetzt werden, um – kombiniert mit fortgeschriebenen Ausgangszahlen – Entwicklungstendenzen beurteilen zu können. (Auf die Übertragung der Vertafelungsmethoden auf die Denkschemata der Input-Output-Analyse wird in Kapitel 6. noch zurückzukommen sein.)

Mit diesem Ausblick auf den Übergang von einer überwiegend deskriptiven Wirtschaftsstatistik auf ein analytisches und sylleptisches Indikatorensystem schließt der erste Band dieser Einführung in die Methodenprobleme der sozioökonomischen Statistik.

Erwin Kreyszig
Statistische Methoden und ihre Anwendungen
5., erweiterte Auflage 1975. 451 Seiten mit 82 Abbildungen und zahlreichen Tabellen, Leinen und kartonierte Studienausgabe

Friedrich Vogel
Probleme und Verfahren der numerischen Klassifikation
Unter besonderer Berücksichtigung von Alternativmerkmalen.
1975. VIII, 410 Seiten mit 53 Abbildungen, kartoniert

Hans Hermann Bock
Automatische Klassifikation
Theoretische und praktische Methoden zur Gruppierung und Strukturierung von Daten (Cluster-Analyse).
1973. 480 Seiten mit 54 Abbildungen im Text, Leinen
(Studia Mathematica/Mathematische Lehrbücher, Bd. 24)

Kompendium der Volkswirtschaftslehre
Herausgegeben von Werner Ehrlicher, Ingeborg Esenwein-Rothe, Harald Jürgensen und Klaus Rose.
Band I: *5., überarbeitete und ergänzte Auflage 1975. X, 586 Seiten mit 4 Schaubildern, 202 Abbildungen und zahlreichen Tabellen, Leinen und kartonierte Studienausgabe*
Band II: *4., überarbeitete und erweiterte Auflage 1975. VIII, 532 Seiten mit 30 Abbildungen und zahlreichen Tabellen, Leinen und kartonierte Studienausgabe*

Vandenhoeck & Ruprecht in Göttingen und Zürich